논어

따라쓰기

들어가며

이 책을 펼친 여러분 환영해요.

「논어(論語)」는 시간과 공간을 초월하는 최고의 고전 중 하나예요. 공자와 그 제자들의 말과 행적을 기록한 것이지요. 공자는 유학의 창시자로, 인간의 정신적 성장에 아주 큰 영향을 미친 세계 4대 성인(聖人) 중 한 분이에요.

공자는 특히 배움을 통한 성장을 중요하게 생각했어요. 그리고 자기만의 가치 있는 삶을 정의하고, 나와 남이 다르지 않다는 깨달음을 바탕으로 '인(仁)'을 강조했어요. 그러한 공자의 의연한 모습을 「논어」에 담은 것이에요.

「논어」 속에는 인간답게 살아가는 길, 삶의 지혜, 올바른 처신 등 다양한 주제가 녹아 있어요. 그래서 유명한 기업인도 「논어」를 열심히 공부했다고 해요. 삼성그룹을 창업한 고(故) 이병철 회장, 현대그룹을 창업한 고(故) 정주영 회장은 어릴 때부터 「논어」를 줄줄 외울 정도로 읽고 공부했답니다. 그리고 본인의 삶에 적용하면서 그 뜻을 마음 깊이 깨달아 나갔다고 해요. 「논어」는 2,500여 년 전에 살던 사람들의 말을 모아둔 책이지만 인간의 문제는 수천 년의 시간이 지나도 크게 다르지 않다는 뜻이겠지요. 지금의 우리에게도 도움이 되는 책이랍니다.

「논어」는 방대한 내용을 담고 있어 분량도 많아요. 여기에는 그중 청소년 여러분들에게 도움이 될 만한 내용을 가려 담았어요. 각 편의 주요 내용은 아래와 같아요.

〈학이편(學而篇)〉은 배움의 중요성과 실천, 올바른 사람의 근본을 전하고 있어요. 〈위정편(爲政篇)〉은 덕을 닦는 것과 올바른 다스림을 위한 마음가짐을, 〈팔일편(八佾篇)〉은 의례에 관한 내용을, 〈이인편(里人篇)〉은 배우는 자의 자세와 처신을 다루고 있어요. 〈공야장편(公冶長篇)〉은 제자들과 역사적 인물의 덕과 부덕을, 〈옹야편(雍也篇)〉은 인물들에 대한 평가

와 군자(君子)의 마음가짐 및 인(仁)에 대한 핵심을, 〈술이편(述而篇)〉은 배움의 겸손한 자세와 공자가 제자들에게 전한 내용을 다루고 있어요.

〈태백편(泰伯篇)〉은 훌륭한 정치를 위한 자기 수양을, 〈자한편(子罕篇)〉은 덕을 추구하는 자세를 전하고 있어요. 〈향당편(鄕黨篇)〉은 공자의 평소 모습을, 〈선진편(先進篇)〉은 공자의 주요 제자들의 장단점을, 〈안연편(顔淵篇)〉은 주로 인과 군자에 대한 공자와 제자들의 대화를 다루고 있어요. 〈자로편(子路篇)〉에서는 정치, 교육, 개인의 수양 등 다양한 주제를, 〈헌문편(憲問篇)〉은 주로 군자가 갖추어야 할 덕을 이야기하고 있어요.

〈위령공편(衛靈公篇)〉은 군자, 교육, 정치에 대한 생각을, 〈계씨편(季氏篇)〉은 정치적 처신을, 〈양화편(陽貨篇)〉은 교육과 인에 대한 생각을, 〈미자편(微子篇)〉은 공자의 정치사상을, 〈자장편(子張篇)〉은 제자들의 말을, 마지막 〈요왈편(堯曰篇)〉은 나라를 다스리는 핵심 정신을 전하고 있어요.

「논어」는 처음부터 읽어도 좋지만, 문득 펼쳐서 마음에 와닿는 글을 그대로 따라 쓰고 뜻을 깊이 생각하면서 마음에 새겨 보세요. 사람과 사람 사이의 관계, 올바른 삶에 대한 통찰을 기르고 인성을 키우는 데 큰 도움이 된답니다.

여러분이 이 책으로 마음의 양식을 잘 키워 나가길 바랍니다.

여러분을 응원하는

임성훈 선생님이

목 차

일러두기

주자의 「논어집주」를 기본으로 하였습니다.

⊙ 상하 구조의 것은 위에서부터 아래로 씁니다.

二 → 三 → 三

⊙ 좌우 대칭형의 것은 가운데를 먼저 쓰고, 좌우의 것은 나중에 씁니다.

小 → 小 → 小

⊙ 글자 전체를 관통하는 세로 획은 맨 마지막에 씁니다.

中 → 中 → 中 → 中

⊙ 좌우 구조의 것은 왼쪽에서부터 오른쪽으로 씁니다.

北 → 北 → 北 → 北 → 北

⊙ 내외 구조의 것은 바깥 것을 먼저 쓰고, 안의 것은 나중에 씁니다.

四 → 四 → 四 → 四 → 四

나의 좌우명

나의 다짐

◈ 논어 필사를 마친 뒤 마음에 와닿는 문장을 골라 쓰고, 자기 다짐도 써 보세요.

1장

학이편 學而篇

〈학이편〉은 '學而時習之, 不亦說乎(학이시습지, 불역열호, 배우고 때에 맞게 그것을 행하면 또한 기쁘지 않겠는가)'라는 유명한 말로 시작해요. 배움과 실천의 중요성, 올바른 사람의 근본에 대한 내용을 담고 있어요.

學而時習之,
학 이 시 습 지

不亦説乎.
불 역 열 호

배우고 때에 맞게 그것을 행하면,
또한 기쁘지 않겠는가!

學	而	時	習	之			
배울 **학**	말 이을 **이**	때 **시**	익힐 **습**	어조사 **지**			

不	亦	説	乎				
아닐 **불**	또 **역**	기쁠 **열**	어조사 **호**				

인성
질문

- 학교에서 공부하는 것과 내가 스스로 궁금한 점을 찾아 공부하는 것 사이에는 어떤 차이가 있는지 생각해 보세요.
- 1년 전의 나에게 '이런 것을 배우고 잘 실천하면 좋다'라고 추천해 줄 만한 것이 있다면 적어 보세요.

君子務本,
군 자 무 본

本立而道生.
본 립 이 도 생

군자는 근본에 힘쓰니,
근본이 바로 서면 도가 생긴다.

君	子	務	本				
어진 이 **군**	사람 **자**	힘쓸 **무**	근본 **본**				

本	立	而	道	生			
근본 **본**	설 **립**	말 이을 **이**	도리 **도**	날 **생**			

인성
질문

• 여기서 근본은 형제간의 우애나 부모님에 대한 효도 같은 '인간다움'을 말해요. 친구나 형제가 효도나 우애 같은 근본에 어긋나는 행동을 하면 어떻게 해야 할까요?
• 하루 24시간 중에서 내가 근본에 힘쓰는 시간은 얼마나 되나요? 일기를 쓰면서 한번 생각해 보세요.

巧言令色, 鮮矣仁.
교 언 영 색 선 의 인

교묘하게 말을 꾸미고 용모가 뛰어난 사람들 중에는 어진 이가 드물다.

巧	言	令	色	鮮	矣	仁	
교묘할 **교**	말씀 **언**	아름다울 **영** (령)	낮 **색**	드물 **선**	어조사 **의**	어질 **인**	

巧	言	令	色	鮮	矣	仁	
교묘할 **교**	말씀 **언**	아름다울 **영** (령)	낮 **색**	드물 **선**	어조사 **의**	어질 **인**	

인성
질문

• 이 문장에서 '용모가 뛰어나다'라는 말은 남에게 좋게 보이려고 겉치레한다는 뜻이에요. 용모가 뛰어난 사람 중 어진 사람이 드물다고 한 이유는 무엇일지 생각해 보세요.
• '어질다'는 말의 뜻을 생각해 보세요. 한마디로 정의하기 힘들다면 어진 사람의 특징을 몇 가지 단어로 표현해 보세요.

吾日三省吾身. 爲人謀而不忠乎.
오 일 삼 성 오 신   위 인 모 이 불 충 호

與朋友交而不信乎. 傳不習乎.
여 붕 우 교 이 불 신 호   전 불 습 호

나는 매일 세 가지로 자신을 돌이켜본다. 남을 위하여 일을 도모함에 진심을
다했는가? 벗들과 사귐에 믿음을 주었는가? 전해 받은 가르침을 실천했는가?

吾	日	三	省	吾	身	爲	人	謀	而	不	忠	乎
나 오	날 일	석 삼	살필 성	나 오	몸 신	위할 위	사람 인	꾀할 모	말 이을 이	아닐 불	정성스러울 충	어조사 호

與	朋	友	交	而	不	信	乎	傳	不	習	乎	
더불 여	벗 붕	벗 우	사귈 교	말 이을 이	아닐 불	믿을 신	어조사 호	전할 전	아닐 불	익힐 습	어조사 호	

인성 질문

- 나는 친구들과 사귈 때 믿음을 주고 있나요? 어떻게 하면 친구들에게 믿음을 줄 수 있을지 생각해 보세요.
- 최근에 배운 것 중 생활에서 실천한 것을 떠올려 보세요.

過則勿憚改.
과 즉 물 탄 개

잘못이 있거든 두려워하지 말고 즉시 고쳐야 한다.

過	則	勿	憚	改			
허물 **과**	곧 **즉**	말 **물**	꺼릴 **탄**	고칠 **개**			

過	則	勿	憚	改			
허물 **과**	곧 **즉**	말 **물**	꺼릴 **탄**	고칠 **개**			

인성
질문

- 허물이 없는 사람은 없어요. 단지 허물을 알고도 고치지 못하는 것이 가장 큰 허물이 되지요. 우리가 잘못을 알고도 고치지 못하는 이유는 무엇일까요?
- 즉시 고쳐야 할 나의 단점에는 어떤 것이 있을지, 어떻게 하면 지금 당장 고칠 수 있을지 생각해 보세요.

不患人之不己知,
불 환 인 지 불 기 지

患不知人也.
환 부 지 인 야

다른 사람이 나를 알아주지 않는 것을 근심하지 말고,
내가 남을 알아보지 못하는 것을 근심해야 한다.

不	患	人	之	不	己	知	
아닐 **불**	근심 **환**	사람 **인**	어조사 **지**	아닐 **불**	자기 **기**	알 **지**	

患	不	知	人	也			
근심 **환**	아닐 **부(불)**	알 **지**	사람 **인**	어조사 **야**			

인성
질문

- 사람들은 대부분 남에게 관심이 없고 자기 자신에게만 집중합니다. 이런 점을 고려해서 다른 사람이 나를 잘 알아주지 않을 때 어떻게 반응하는 것이 좋을지 생각해 보세요.
- 남을 잘 알려면 어떻게 하면 좋을까요? 다른 사람의 장점을 발견했을 때 어떻게 하면 좋을까요?

2장

위정편 爲政篇

〈위정편〉은 배우는 사람이 덕을 닦는 것의 중요성과 올바른 다스림을 위한 마음가짐에 대한 내용을 담고 있어요. 오늘날 어떻게 해야 덕을 닦을 수 있을지 생각하며 읽어 보세요.

吾十有五而志于學.

오 십 유 오 이 지 우 학

나는 15세에 인간의 도리를 배우는 것에 뜻을 두었다.

07
위정편

吾	十	有	五	而	志	于	學
나 **오**	열 **십**	또 **유**	다섯 **오**	말 이을 **이**	뜻 **지**	어조사 **우**	배울 **학**

吾	十	有	五	而	志	于	學
나 **오**	열 **십**	또 **유**	다섯 **오**	말 이을 **이**	뜻 **지**	어조사 **우**	배울 **학**

인성
질문

• 자기만의 뜻을 세우고 이루기 위해 노력하는 사람은 위대해질 수 있어요. 큰 뜻을 품고 그것을 이룬 사람들의 특징은 무엇일까요?
• 어떤 사람이 되고 싶은지 생각해 보세요. 왜 그런 사람이 되고 싶은가요?

父母唯其疾之憂.
부 모 유 기 질 지 우

자식은 부모로 하여금 오직 질병만을 근심하게 해야 한다.

父	母	唯	其	疾	之	憂	
아버지 **부**	어머니 **모**	오직 **유**	그 **기**	병 **질**	어조사 **지**	근심 **우**	

父	母	唯	其	疾	之	憂	
아버지 **부**	어머니 **모**	오직 **유**	그 **기**	병 **질**	어조사 **지**	근심 **우**	

인성 질문

- 부모님은 언제나 자식을 걱정하지요. 우리 부모님께서 가장 걱정하는 것은 무엇인가요? 어떻게 하면 부모님의 걱정을 덜어드릴 수 있을지 생각해 보세요.
- 부모님께서 자식을 걱정하는 것만큼 자식이 부모님을 걱정하는 경우는 드물어요. 성어 '반포지효(反哺之孝)'의 뜻을 찾아보고 이 말의 의미를 생각해 보세요.

色難, 有事, 弟子服其勞,
색 난 유 사 제 자 복 기 로

有酒食, 先生饌, 曾是以爲孝乎.
유 주 사 선 생 찬 증 시 이 위 효 호

부모 앞에서 밝은 얼굴을 하는 것이 가장 어렵다. 어려운 일이 있을 때 자식이 부모 대신 힘쓰고, 술과 먹을 것을 부모님이 먼저 드시게 하는 것만으로 이것이 효라고 할 수 있겠는가?

色	難	有	事	弟	子	服	其	勞			
낯 색	어려울 난	있을 유	일 사	단지 제	아들 자	행할 복	그 기	일할 로			

有	酒	食	先	生	饌	曾	是	以	爲	孝	乎
있을 유	술 주	밥 사	먼저 선	날 생	먹을 찬	어찌 증	이 시	써 이	할 위	효도 효	어조사 호

인성 질문

• 부모님은 용돈보다 자식이 진정으로 행복한 것을 바라지요. 내가 행복하려면 어떤 것이 가장 중요한지 생각해 보세요.
• 형제자매나 친구가 부모님 앞에서 밝은 얼굴을 하지 않을 때 어떤 이야기를 해 주면 좋을까요?

溫故而知新,
온 고 이 지 신

可以爲師矣.
가 이 위 사 의

과거에 배운 것을 익히고 새로운 도리를 깨달아야,
곧 스승이 될 수 있다.

溫	故	而	知	新			
익힐 **온**	옛 **고**	말 이을 **이**	알 **지**	새 **신**			

可	以	爲	師	矣			
가히 **가**	써 **이**	할 **위**	스승 **사**	어조사 **의**			

인성
질문

• 왜 과거의 역사나 지혜를 배우는 것이 중요할까요? 기존의 지식을 얻는 데 가장 좋은 매체는 무엇인지 생각해 보세요.
• 과거의 지식에만 파묻히면 어떤 문제가 생길까요? 새로운 지식을 얻는 것이 왜 중요한지 생각해 보세요.

君子不器.
군 자 불 기

군자는 용도가 제한적인 그릇이 되어서는 안 된다.

君	子	不	器				
어진 이 **군**	사람 **자**	아닐 **불**	그릇 **기**				

君	子	不	器				
어진 이 **군**	사람 **자**	아닐 **불**	그릇 **기**				

인성 질문

- 하나만 잘하는 것도 좋지만 호기심을 갖고 내 능력을 계발하는 것도 멋진 일이에요. 내가 흥미를 느끼는 분야를 생각해 보세요.
- 어떤 일을 하면서 살고 싶나요? 직업이 아닌 진짜 되고 싶은 모습을 상상해 보세요.

先行其言, 而後從之.

선 행 기 언 이 후 종 지

말하려고 하는 것을 먼저 실행하고, 그 뒤에 그 말을 하라.

先	行	其	言	而	後	從	之
먼저 **선**	행할 **행**	그 **기**	말씀 **언**	말 이을 **이**	뒤 **후**	따를 **종**	어조사 **지**

先	行	其	言	而	後	從	之
먼저 **선**	행할 **행**	그 **기**	말씀 **언**	말 이을 **이**	뒤 **후**	따를 **종**	어조사 **지**

**인성
질문**

- 말하는 것이 어려울까요, 행동하는 것이 어려울까요? 왜 그런지 생각해 보세요.
- 최근에 말만 앞서고 행동으로 옮기지 못한 일이 있나요? 그 말을 실천하는 데 필요한 것은 무엇이었을까요?

君子, 周而不比,
군 자 주 이 불 비

小人, 比而不周.
소 인 비 이 부 주

군자는 (충과 신을 바탕으로) 두루 어울리되 편 가르지 않으나,
소인은 (이익을 생각하여) 끼리끼리 모이되 두루 어울리지 못한다.

君	子	周	而	不	比		
어진 이 **군**	사람 **자**	두루 **주**	말 이을 **이**	아닐 **불**	편들 **비**		

小	人	比	而	不	周		
작을 **소**	사람 **인**	편들 **비**	말 이을 **이**	아닐 **부(불)**	두루 **주**		

인성
질문

• 특정한 사람과 친하면 공정함을 유지하기 힘든 경우가 많아요. 친한 사람을 편들었던 경험이 있는지,
  만약 다시 그 상황이 된다면 어떻게 행동하면 좋을지 생각해 보세요.
• '두루 어울린다'라는 말의 뜻은 무엇일까요?

14
위정편

學而不思則罔,
학 이 불 사 즉 망

思而不學則殆.
사 이 불 학 즉 태

배우기만 하고 생각하지 않으면 얻는 것이 없고,
생각하기만 하고 배우지 않으면 위태롭다.

學	而	不	思	則	罔		
배울 **학**	말 이을 **이**	아닐 **불**	생각 **사**	곧 **즉**	어두울 **망**		

思	而	不	學	則	殆		
생각 **사**	말 이을 **이**	아닐 **불**	배울 **학**	곧 **즉**	위태할 **태**		

인성
질문

• 어떤 현상이나 사건에 대해서 나만의 견해를 갖는 것이 중요해요. 어떻게 하면 나만의 견해를 가질
  수 있을지 생각해 보세요.
• 내 생각에만 빠져 있으면 폭넓은 사고를 하기 힘들어요. 다양한 시각을 갖기 위해서 어떻게 하면 좋
  을지 생각해 보세요.

知之爲知之,
지 지 위 지 지

不知爲不知, 是知也.
부 지 위 부 지 시 지 야

아는 것만을 안다고 하고,
모르는 것을 모른다고 하는 것, 이것이 아는 것이다.

知	之	爲	知	之			
알 **지**	어조사 **지**	할 **위**	알 **지**	어조사 **지**			

不	知	爲	不	知	是	知	也
아닐 **부(불)**	알 **지**	할 **위**	아닐 **부(불)**	알 **지**	이 **시**	알 **지**	어조사 **야**

인성
질문

• 잘 모르는 것을 안다고 한 경험이 있나요? 왜 그렇게 행동했는지 이유를 생각해 보세요.
• 주변 사람이 잘 모르면서 아는 척하는 것을 본다면 어떻게 하면 좋을까요?

多聞闕疑, 愼言其餘,
다 문 궐 의 신 언 기 여

則寡尤.
즉 과 우

의견을 많이 듣되 의문이 생기는 것은 제쳐두고, 확실한 것만 신중하게 말하면,
곧 허물을 줄일 수 있다.

多	聞	闕	疑	愼	言	其	餘
많을 **다**	들을 **문**	빠질 **궐**	의심할 **의**	삼갈 **신**	말씀 **언**	그 **기**	남을 **여**

則	寡	尤					
곧 **즉**	적을 **과**	허물 **우**					

인성
질문

- 말을 가볍게 하면 후회하는 경우가 많아요. 확실하지 않은 것을 경솔히 말했다가 곤란했던 경험을 떠 올려 보세요.
- 애매한 일에 대해서는 말하기 전에 어떻게 하면 좋을지 생각해 보세요.

見義不爲, 無勇也.
견 의 불 위 무 용 야

마땅히 해야 할 일을 보고도 하지 않는 것은 용기가 없는 것이다.

見	義	不	爲	無	勇	也	
볼 **견**	옳을 **의**	아닐 **불**	할 **위**	없을 **무**	용감할 **용**	어조사 **야**	

見	義	不	爲	無	勇	也	
볼 **견**	옳을 **의**	아닐 **불**	할 **위**	없을 **무**	용감할 **용**	어조사 **야**	

인성
질문

• 자신이 아는 것을 용기 있게 실천하는 사람은 존경받아요. 이렇게 행동한 역사적 인물을 떠올려 보세요.
• 어떻게 하면 두려움을 이기고 용감하게 행동할 수 있을지 생각해 보세요.
• 내가 생각하는 용기란 무엇인지 정의해 보세요.

3장

팔일편 八佾篇

팔일(八佾)이란 주 나라 천자가 제사 지낼 때 추는 춤이에요. 하지만 천자도 아닌 노 나라의 신하가 제사에서 팔일무를 추게 하자 이를 본 공자가 예절이 무너진 상황을 안타까워하지요. 이처럼 〈팔일편〉은 진정한 예와 음악에 대한 내용을 담고 있어요.

禮, 與其奢也, 寧儉,
예 　 여 기 사 야 　 영 검

喪, 與其易也, 寧戚.
상 　 여 기 이 야 　 영 척

예는 사치한 것보다는 검소한 것이 낫고,
장례는 형식에 치우치는 것보다는 슬퍼하는 것이 낫다.

禮	與	其	奢	也	寧	儉	
예절 **예(례)**	보다 **여**	그 **기**	사치할 **사**	어조사 **야**	차라리 **영(녕)**	검소할 **검**	

喪	與	其	易	也	寧	戚	
초상 **상**	보다 **여**	그 **기**	다스릴 **이**	어조사 **야**	차라리 **영(녕)**	슬퍼할 **척**	

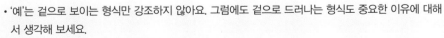

- '예'는 겉으로 보이는 형식만 강조하지 않아요. 그럼에도 겉으로 드러나는 형식도 중요한 이유에 대해서 생각해 보세요.
- 진정한 '예'란 무엇이라고 생각하나요?

인성
질문

繪事後素. 禮後也.

회 사 후 소   예 후 야

흰 바탕이 있어야 비로소 그림을 그릴 수 있다. 예가 마음의 뒤에 오는 것이다.

繪	事	後	素	禮	後	也	
그림 **회**	일 **사**	뒤 **후**	흴 **소**	예절 **예(례)**	뒤 **후**	어조사 **야**	

繪	事	後	素	禮	後	也	
그림 **회**	일 **사**	뒤 **후**	흴 **소**	예절 **예(례)**	뒤 **후**	어조사 **야**	

인성 질문

• 여기서 말하는 '흰 바탕'은 예에 앞서는 '진실한 마음'을 뜻해요. 주변의 소중한 사람들에게 진실한 마음을 전할 수 있는 방법을 생각해 보세요.

• 마음만 있으면 형식은 무시해도 될까요? 내 생각을 정리해 보세요.

君使臣以禮,
군 사 신 이 례

臣事君以忠.
신 사 군 이 충

군주는 신하를 예로써 부리고,
신하는 군주를 충심으로 섬겨야 한다.

君	使	臣	以	禮			
임금 **군**	부릴 **사**	신하 **신**	써 **이**	예절 **례**			

臣	事	君	以	忠			
신하 **신**	섬길 **사**	임금 **군**	써 **이**	충성 **충**			

인성 질문

- 윗사람이 예의를 지키지 않고 나를 함부로 대한 경험이 있다면 그때 기분은 어땠나요? 그 사람에게 어떤 말을 하고 싶은가요?
- 가까운 사이일수록 무례하게 행동하는 경우가 있어요. 내가 혹시 가족이나 친구들을 예의 없이 대한 적은 없는지 생각해 보세요.

成事不說, 遂事不諫, 旣往不咎.
성 사 불 설　수 사 불 간　기 왕 불 구

이루어진 일은 다시 시비하지 않겠다.
되어버린 일은 고치라 하지 않겠다.
이미 지난 일은 소급하여 나무라지 않겠다.

成	事	不	說	遂	事	不	諫
이룰 **성**	일 **사**	아닐 **불**	말씀 **설**	이룰 **수**	일 **사**	아닐 **불**	간할 **간**

旣	往	不	咎				
이미 **기**	떠날 **왕**	아닐 **불**	꾸짖을 **구**				

인성
질문

• 이미 지나간 일은 화를 낸다 해도 바뀌지 않아요. 상대방의 잘못을 지나치게 꾸짖은 경험을 떠올려 보고, 지금 다시 그런 상황이 된다면 어떻게 할지 생각해 보세요.
• 과거의 잘못은 후회보다는 배움의 기회로 삼으면 좋아요. 내가 했던 잘못에서 어떤 것을 배울 수 있었는지 생각해 보세요.

4장

이인편 里人篇

〈이인편〉은 '사는 곳에 어진 풍속이 있어야 좋다'라는 문장으로 시작해요. 배우는 자가 가져야 할 올바른 생각과 처신에 대해 이야기하고 있어요. 어떻게 하면 바른 자세를 유지하며 살아갈 수 있을지 생각하며 읽어 보세요.

惟仁者,
유　인　자

能好人, 能惡人.
능　호　인　　능　오　인

오직 인덕이 있는 사람만이
좋아할 만한 사람을 좋아하고, 미워할 만한 사람을 미워할 수 있다.

惟	仁	者				
오직 **유**	어질 **인**	사람 **자**				

能	好	人	能	惡	人	
능할 **능**	좋아할 **호**	사람 **인**	능할 **능**	미워할 **오**	사람 **인**	

인성
질문

- 다른 사람을 좋아하거나 싫어하는 것은 공정하고 냉정한 판단 기준이 있어야 합니다. 심성이 곧아야 좋아할 만한 사람을 좋아하겠지요? 주변에 공정한 기준을 갖고 다른 이를 판단하는 사람이 있다면 떠올려 보고 그 사람의 장점은 무엇인지 생각해 보세요.
- 사람의 행동을 어떤 기준으로 판단할 때 현명하고 공정하다고 할 수 있을까요?

富與貴, 是人之所欲也,
부 여 귀　시 인 지 소 욕 야

不以其道得之, 不處也.
불 이 기 도 득 지　불 처 야

부와 귀, 이것은 사람이 모두 바라는 것이나
옳은 방법으로 얻은 것이 아니라면, 그것을 누리지 말아야 한다.

富	與	貴	是	人	之	所	欲	也	
부유할 **부**	더불 **여**	귀할 **귀**	이 **시**	사람 **인**	어조사 **지**	바 **소**	바랄 **욕**	어조사 **야**	

不	以	其	道	得	之	不	處	也	
아닐 **불**	써 **이**	그 **기**	길 **도**	얻을 **득**	어조사 **지**	아닐 **불**	누릴 **처**	어조사 **야**	

인성
질문

• 부자가 되는 것, 사람들의 존경을 받는 것은 모두가 바라는 일입니다. 하지만 올바르지 않은 방법으로 그것을 얻었다면 비난의 대상이 되겠지요. 역사 인물 중 부귀했지만 손가락질을 받았던 사례를 찾아 이야기해 보세요.

朝聞道, 夕死, 可矣.
조 문 도 석 사 가 의

아침에 삶의 도리를 들어 깨달으면 저녁에 죽어도 여한이 없다.

朝	聞	道	夕	死	可	矣	
아침 **조**	들을 **문**	도리 **도**	저녁 **석**	죽을 **사**	가히 **가**	어조사 **의**	
朝	聞	道	夕	死	可	矣	
아침 **조**	들을 **문**	도리 **도**	저녁 **석**	죽을 **사**	가히 **가**	어조사 **의**	

인성
질문

• 여기서 '도(道)'는 '진리, 삶의 도리, 궁극적인 이치'로 해석할 수 있어요. 공자는 왜 아침에 삶의 도리를 들어 깨달으면 저녁에 죽어도 괜찮다고 했을까요?

• 프랑스 작가 발자크는 '인생은 5막의 연극과 같다'고 했어요. '인생은 …이다'라는 명제로 내가 생각하는 삶의 이치를 적어 보세요.

士志於道, 而恥惡衣惡食者,
사 지 어 도　이 치 악 의 악 식 자

未足與議也.
미 족 여 의 야

도에 뜻을 둔 사람이 삶의 도리에 뜻을 두고도, 나쁜 옷과 음식을 부끄러워한다면,
그와 더불어 진리를 논할 가치가 없다.

士	志	於	道	而	恥	惡	衣
선비 **사**	뜻 **지**	어조사 **어**	도리 **도**	말 이을 **이**	부끄러울 **치**	악할 **악**	옷 **의**

惡	食	者	未	足	與	議	也
악할 **악**	음식 **식**	사람 **자**	아닐 **미**	족할 **족**	더불 **여**	의논할 **의**	어조사 **야**

인성 질문

- 삶의 근본적인 문제를 공부하는 사람이 겉으로 드러나는 물질적인 것으로 부끄러워하는 것을 공자가 질책한 말이에요. 부모님에게 더 좋은 옷과 음식을 사달라고 조른 경험이 있는지 떠올려 보세요.
- 화려한 것을 좋아하는 것 자체는 나쁘지 않아요. 하지만 옛 성인들은 왜 그런 마음을 경계했을까요?

26 이인편

放於利而行, 多怨.
방 어 리 이 행 다 원

이익에 따라 행동하면, 원망을 많이 산다.

放	於	利	而	行	多	怨	
의지할 **방**	어조사 **어**	이로울 **리**	말 이을 **이**	행할 **행**	많을 **다**	원망할 **원**	

放	於	利	而	行	多	怨	
의지할 **방**	어조사 **어**	이로울 **리**	말 이을 **이**	행할 **행**	많을 **다**	원망할 **원**	

• 사람들이 저마다 자기의 이익만 추구한다면 어떻게 될까요?
• 많은 사람을 이끄는 위치에 있는 리더가 자기 이익만 챙기면 원망을 많이 듣겠지요? 어떻게 하면 이익을 추구하면서 존경도 받을 수 있을까요?

不患無位, 患所以立.
불 환 무 위　환 소 이 립

不患莫己知, 求爲可知也.
불 환 막 기 지　구 위 가 지 야

지위가 없음을 걱정하지 말고, 그 지위에 오를 만한 자격을 갖추었는지를 걱정하라.
자기가 알려지지 못함을 걱정하지 말고, 남에게 알려지도록 노력하라.

不	患	無	位	患	所	以	立		
아닐 **불**	근심 **환**	말 **무**	지위 **위**	근심 **환**	바 **소**	써 **이**	설 **립**		

不	患	莫	己	知	求	爲	可	知	也
아닐 **불**	근심 **환**	말 **막**	자기 **기**	알 **지**	구할 **구**	할 **위**	가히 **가**	알 **지**	어조사 **야**

인성 질문
- 공자는 상황을 탓하지 않고, 남의 눈을 의식하지 않고 끊임없이 공부했어요. 내가 원하는 것을 얻기 위해 어떤 노력을 하고 있나요?
- 남에게 인정받는 것이 필수적인지, 아닌지 생각해 보세요.

28
이인편

君子喻於義,
군 자 유 어 의

小人喻於利.
소 인 유 어 리

군자는 도의에 밝으나,
소인은 사리에만 밝다.

君	子	喻	於	義			
어진 이 **군**	사람 **자**	깨우칠 **유**	어조사 **어**	옳을 **의**			

小	人	喻	於	利			
작을 **소**	사람 **인**	깨우칠 **유**	어조사 **어**	이로울 **리**			

인성
질문

• '도의에 밝다'는 것은 어떤 행동이 이치에 합당한지, 양심에 어긋남이 없는지 안다는 뜻이에요. 양심에 어긋나는 일을 한 적이 있다면 떠올려 보고, 다시 행동한다면 어떻게 하면 좋을지 생각해 보세요.
• 도의에만 밝고 이익을 추구하는 것에 전혀 관심이 없다면 어떻게 될까요?

見賢思齊焉,
견 현 사 제 언

見不賢而內自省也.
견 불 현 이 내 자 성 야

현명한 사람을 보면 본받을 점을 생각하고,
현명하지 못한 사람을 보면 안으로 자기를 반성해야 한다.

見	賢	思	齊	焉		
볼 **견**	어질 **현**	생각 **사**	가지런할 **제**	같을 **언**		

見	不	賢	而	內	自	省	也
볼 **견**	아닐 **불**	어질 **현**	말 이을 **이**	안 **내**	스스로 **자**	살필 **성**	어조사 **야**

**인성
질문**

- 누군가를 부러워한 적이 있는지 떠올려 보세요. 부러워하는 마음을 긍정적으로 바꾸려면 어떻게 하면 좋을까요?
- 내가 본받을 만한 사람은 누구인가요? 그 사람의 어떤 점을 본받으면 좋을지 생각해 보세요.

30
이인편

古者言之不出,
고 자 언 지 불 출

恥躬之不逮也.
치 궁 지 불 체 야

옛사람은 말을 경솔하게 하지 않았는데,
그들의 행동이 말한 것에 미치지 못함을 부끄러워했기 때문이다.

古	者	言	之	不	出		
옛 **고**	사람 **자**	말씀 **언**	어조사 **지**	아닐 **불**	날 **출**		

恥	躬	之	不	逮	也		
부끄러울 **치**	자기 **궁**	어조사 **지**	아닐 **불**	잡을 **체**	어조사 **야**		

인성
질문

- 속담 '빈 수레가 요란하다'와 연결해서 생각해 보세요.
- 말은 한 번 하면 주워 담을 수 없어요. 어떻게 하면 말을 신중하게 할 수 있을지 생각해 보세요.

以約失之者, 鮮矣.
이 약 실 지 자 선 의

절제하는데 잘못을 범하는 자는 드물다.

以	約	失	之	者	鮮	矣	
써 **이**	아낄 **약**	그르칠 **실**	어조사 **지**	사람 **자**	드물 **선**	어조사 **의**	

以	約	失	之	者	鮮	矣	
써 **이**	아낄 **약**	그르칠 **실**	어조사 **지**	사람 **자**	드물 **선**	어조사 **의**	

인성 질문

- 평소에 내가 어떤 말과 행동을 하는지 살펴보기 위해 어떤 습관을 가지면 좋을지 생각해 보세요.
- 가까운 사람들에게 실수해서 신뢰를 잃었던 적이 있나요? 그런 실수를 줄이려면 어떻게 하면 좋을까요?

32 이인편

德不孤, 必有隣.
덕 불 고 필 유 린

덕 있는 사람은 외롭지 않으니, 반드시 친구가 있다.

德	不	孤	必	有	隣		
덕 **덕**	아닐 **불**	외로울 **고**	반드시 **필**	있을 **유**	이웃 **린**		

德	不	孤	必	有	隣		
덕 **덕**	아닐 **불**	외로울 **고**	반드시 **필**	있을 **유**	이웃 **린**		

**인성
질문**
- 어느 곳이든 내 마음을 알아주는 친구는 있어요. 내 마음을 가장 잘 알아주는 친구를 위해 편지를 써 보세요.
- 성어 '유유상종(類類相從)'의 뜻을 찾아보고, 이 말과 연결해서 생각해 보세요.

5장

공야장편 公冶長篇

'공야장'은 공자가 사위로 삼은 제자예요. 그는 한때 옥에 갇혔지만, 공자는 드러나는 모습만으로 사람을 판단하지 않고 사위로 삼았지요. 〈공야장편〉은 공자의 제자를 비롯한 역사적인 인물들에 대한 내용을 담고 있어요.

始吾於人也, 聽其言而信其行,
시 오 어 인 야 　 청 기 언 이 신 기 행

今吾於人也, 聽其言而觀其行.
금 오 어 인 야 　 청 기 언 이 관 기 행

처음에 나는 사람에 대해서 그 말을 들으면 그 행동을 믿었는데,
이제 나는 사람에 대해서 그 말을 들어도 그 행동을 본다.

始	吾	於	人	也	聽	其	言	而	信	其	行
처음 시	나 오	어조사 어	사람 인	어조사 야	들을 청	그 기	말씀 언	말 이을 이	믿을 신	그 기	행할 행

今	吾	於	人	也	聽	其	言	而	觀	其	行
이제 금	나 오	어조사 어	사람 인	어조사 야	들을 청	그 기	말씀 언	말 이을 이	볼 관	그 기	행할 행

인성
질문

- 성어 '매사마골(買死馬骨)'의 뜻을 찾아보고, 이 말과 연결해서 생각해 보세요.
- 사람을 정확하게 알려면 말과 함께 반드시 행동을 살펴보아야 해요. 말한 것을 행동하지 않는 사람에게 휘둘리지 않으려면 어떻게 해야 할지 생각해 보세요.

子路有聞, 未之能行,
자 로 유 문　미 지 능 행

唯恐有聞.
유 공 유 문

자로는 가르침을 듣고 그것을 미처 실천하기 전에
또 다른 가르침을 들을까 두려워했다.

子	路	有	聞	未	之	能	行
아들 **자**	길 **로**	있을 **유**	들을 **문**	아닐 **미**	어조사 **지**	능할 **능**	행할 **행**

唯	恐	有	聞				
오직 **유**	두려울 **공**	있을 **유**	들을 **문**				

- 아는 것을 실천하기 위해 필요한 것은 무엇일지 생각해 보세요.
- 말하기는 쉬워도 행동하기는 어려워요. 옳은 일을 하는 것은 더욱 그렇지요. 정의와 양심에 따라 그대로 행동하는 것이 어려운 이유는 무엇일까요?

35
공야장편

敏而好學, 不恥下問.
민 이 호 학　　불 치 하 문

(공어는) 영리하며 배우기를 좋아하고,
아랫사람에게 묻는 것을 부끄러워하지 않았다.

敏	而	好	學	不	恥	下	問
민첩할 **민**	말 이을 **이**	좋아할 **호**	배울 **학**	아닐 **불**	부끄러울 **치**	아래 **하**	물을 **문**

敏	而	好	學	不	恥	下	問
민첩할 **민**	말 이을 **이**	좋아할 **호**	배울 **학**	아닐 **불**	부끄러울 **치**	아래 **하**	물을 **문**

인성
질문

- 질문을 잘하는 것이 잘 배우는 방법이라고 해요. 공어가 묻는 것을 부끄러워하지 않은 이유가 무엇일까요?
- 현명한 사람은 묻는 것을 부끄러워하지 않습니다. 궁금한 것을 물어보지 못했던 경험이 있는지 떠올려 보고, 거리낌 없이 묻기 위해 갖추어야 할 것이 무엇인지 생각해 보세요.

季文子三思而後行,
계 문 자 삼 사 이 후 행

子聞之, 曰： 再斯可矣.
자 문 지 왈 재 사 가 의

계문자는 세 번 생각한 이후에야 행동했는데,
공자가 이 말을 듣고 말했다. "두 번 생각해도 충분하다."

季	文	子	三	思	而	後	行
계절 **계**	글월 **문**	사람 **자**	석 **삼**	생각 **사**	말 이을 **이**	뒤 **후**	행할 **행**

子	聞	之	曰	再	斯	可	矣
사람 **자**	들을 **문**	어조사 **지**	가로 **왈**	두 번 **재**	이 **사**	가히 **가**	어조사 **의**

**인성
질문**

- 공자는 지나치게 신중한 사람에게는 생각을 조금 줄이고 행동하라고 말했어요. 격언 '장고 끝에 악수 둔다'와 연결해서, 생각만 너무 깊게 하면 어떤 점이 좋지 않을지 생각해 보세요.
- 반대로 생각이 너무 짧고 무조건 행동하는 사람에게는 어떤 조언을 하면 좋을지 생각해 보세요.

老者安之, 朋友信之,
노 자 안 지 붕 우 신 지

少者懷之.
소 자 회 지

어르신들은 편안히 해 드리고, 친구들은 믿음으로 대하며,
나이 어린 자들은 품어주고 싶다.

老	者	安	之	朋	友	信	之
늙을 **노(로)**	사람 **자**	편안할 **안**	어조사 **지**	벗 **붕**	벗 **우**	믿을 **신**	어조사 **지**

少	者	懷	之				
젊을 **소**	사람 **자**	품을 **회**	어조사 **지**				

• 공자가 어르신, 친구, 나이 어린 사람들에게 해 주고 싶은 일은 어떤 마음에서 비롯된 것일까요?
• 혹시 주변 사람들을 경쟁자로 보라고 가르치는 사람들이 있지 않나요? 다른 사람을 어떤 존재로 바
라보는 것이 좋을지 생각해 보세요.

6장

옹야편 雍也篇

〈옹야편〉의 전반부는 〈공야장편〉에 이어 여러 인물의 이야기가 주로 등장해요. 후반부는 군자의 마음가짐과 인(仁)에 대한 내용을 담고 있어요. 어떻게 하면 어진 사람이 될수 있을지 생각하며 읽어 보세요.

賢哉, 回也.
현 재 회 야

一簞食一瓢飲在陋巷.
일 단 사 일 표 음 재 누 항

어질구나, 안회여!
한 그릇 밥과 한 표주박 물로 누추한 방에서 지내는구나.

賢	哉	回	也	一	簞	食	一
어질 **현**	어조사 **재**	돌아올 **회**	어조사 **야**	한 **일**	밥그릇 **단**	음식 **사**	한 **일**

瓢	飲	在	陋	巷			
표주박 **표**	음료 **음**	있을 **재**	좁을 **누(루)**	집 **항**			

인성
질문

- 가난한 것을 좋아하는 사람은 없을 거예요. 안회는 어떤 상황에서도 자기 중심을 잡고 공부에 정진했어요. 어려움이 있더라도 내가 꼭 하고 싶은 일을 생각해 보세요.
- 성어 '단사표음(簞食瓢飲)'의 뜻을 알아보고 어떤 경우에 쓰는지 확인해 보세요.

力不足者, 中道而廢.
역 부·족 자 중 도 이 폐

今女畫.
금 여 획

힘이 부족한 사람은 중도에 그만둔다.
지금 너는 스스로 한계선을 긋고 있는 것이다.

力	不	足	者	中	道	而	廢
힘 **역(력)**	아닐 **부(불)**	족할 **족**	사람 **자**	가운데 **중**	길 **도**	말 이을 **이**	폐할 **폐**

今	女	畫					
이제 **금**	너 **여**	그을 **획**					

인성
질문

• 대개 사람들의 발전과 성장이 멈추는 것은 그 사람의 역량이 부족해서가 아니라 스스로 한계를 정하기 때문이에요. 조금 어려워 보이지만, '나는 할 수 있다.'라는 마음가짐으로 해내고 싶은 일은 무엇인가요?
• 스스로 한계선을 긋는 것은 마음의 습관이에요. 이런 나쁜 습관을 버리려면 어떻게 하면 좋을까요?

人之生也直,
인 지 생 야 직

罔之生也, 幸而免.
망 지 생 야 행 이 면

사람이 살아가는 이치는 정직이니,
속임수로도 살아갈 수 있지만, 그것은 요행히 화를 면하고 있는 것일 뿐이다.

人	之	生	也	直			
사람 **인**	어조사 **지**	살 **생**	어조사 **야**	곧을 **직**			

罔	之	生	也	幸	而	免	
속일 **망**	어조사 **지**	살 **생**	어조사 **야**	요행 **행**	말 이을 **이**	면할 **면**	

인성
질문

· 내가 생각하는 '정직'은 무엇인가요? 어떻게 생각하고 행동하는 것이 정직한 것인가요?
· 우리가 손해를 보더라도 정직하게 살아가야 하는 이유가 무엇인지 생각해 보세요.

知之者不如好之者,
지 지 자 불 여 호 지 자

好之者不如樂之者.
호 지 자 불 여 락 지 자

(배움의 좋은 점을) 아는 사람은 그것을 좋아하는 사람보다는 못하고,
좋아만 하는 사람은 그것을 즐기는 사람보다는 못하다.

知	之	者	不	如	好	之	者
알 **지**	어조사 **지**	사람 **자**	아닐 **불**	같을 **여**	좋아할 **호**	어조사 **지**	사람 **자**

好	之	者	不	如	樂	之	者
좋아할 **호**	어조사 **지**	사람 **자**	아닐 **불**	같은 **여**	즐길 **락**	어조사 **지**	사람 **자**

인성
질문

• 좋아하는 것에 몰입하면서 성취감도 느낄 때 배움을 즐길 수 있어요. 공부하기 싫어하는 동생에게 공부를 즐길 방법을 전해 준다면 어떤 것이 있을까요?
• 나는 어떤 것을 배울 때 즐거운가요? 그것과 관련된 직업은 무엇이 있는지 생각해 보세요.

仁者先難而後獲,
인 자 선 난 이 후 획

可謂仁矣.
가 위 인 의

어진 이는 어려운 일을 먼저 하고 얻는 것을 나중에 하니,
인이라 할 수 있다.

仁	者	先	難	而	後	獲	
어질 **인**	사람 **자**	먼저 **선**	어려울 **난**	말 이을 **이**	뒤 **후**	얻을 **획**	

可	謂	仁	矣				
가히 **가**	이를 **위**	어질 **인**	어조사 **의**				

**인성
질문**
• 사람들은 남들이 꺼리는 힘든 일을 하고 나면 보통 생색내고 대가를 얻으려고 합니다. 생색내는 사람
  을 보면 어떤 생각이 드나요?
• 개인의 이익보다 모두의 이익을 위해 행동하려면 어떤 마음을 가져야 할까요?

夫仁者, 己欲立而立人,
부 인 자 기 욕 립 이 립 인

己欲達而達人.
기 욕 달 이 달 인

무릇 어진 이는 자기가 서 있고 싶은 곳에 다른 사람도 설 수 있게 해 주고,
자기가 통달하고 싶은 것에 다른 사람도 통달하게 해 준다.

夫	仁	者	己	欲	立	而	立
무릇 **부**	어질 **인**	사람 **자**	자기 **기**	바랄 **욕**	설 **립**	말 이을 **이**	설 **립**

人	己	欲	達	而	達	人	
사람 **인**	자기 **기**	바랄 **욕**	통달할 **달**	말 이을 **이**	통달할 **달**	사람 **인**	

**인성
질문**

- 내가 원하는 것은 다른 사람도 원하기 마련이에요. 다른 사람이 하고 싶어 하는 것을 할 수 있게 도와
  준 경험이 있다면 떠올려 보세요. 어떤 마음으로 도움을 주었나요?
- 세상에는 다른 사람이 잘되는 것을 시기, 질투하는 사람도 있고, 잘되게 돕는 사람도 있어요. 왜 이런
  차이가 있을까요?

7장

술이편 述而篇

〈술이편〉은 공자가 제자들에게 베푼 가르침과 평소 공자의 행동에 대한 내용을 담고 있어요. 첫 문장 '述而不作(술이부작, 옛것을 그대로 따라 전할 뿐 새로이 창작하지 않는다)'은 학문하는 자의 겸손한 태도로 풀이되며, 동양 철학의 중요한 기준이 되었어요.

述而不作, 信而好古.

술 이 부 작 신 이 호 고

44
술이편

(나는) 옛것을 그대로 따라 전할 뿐 새로이 창작하지 않고,
옛것을 믿고 좋아한다.

述	而	不	作	信	而	好	古
서술할 **술**	말 이을 **이**	아닐 **부(불)**	지을 **작**	믿을 **신**	말 이을 **이**	좋아할 **호**	옛 **고**

述	而	不	作	信	而	好	古
서술할 **술**	말 이을 **이**	아닐 **부(불)**	지을 **작**	믿을 **신**	말 이을 **이**	좋아할 **호**	옛 **고**

**인성
질문**

• 공자 같은 성인도 옛것을 그대로 따른다고 겸손하게 말했어요. 배움의 자세는 겸손함이 기본이에요.
  겸손하면 배움에 있어서 어떤 이로움이 있을까요?
• 옛것을 아무런 비판 없이 받아들이기만 하면 어떻게 될까요?

子之燕居, 申申如也,
자 지 연 거 신 신 여 야

天天如也.
요 요 여 야

공자께서 집에서 한가롭게 계실 때 말은 자상했고,
얼굴빛은 온화했다.

子	之	燕	居	申	申	如	也
사람 **자**	어조사 **지**	편안할 **연**	있을 **거**	펼 **신**	펼 **신**	같을 **여**	어조사 **야**

天	天	如	也				
화평할 **요**	화평할 **요**	같을 **여**	어조사 **야**				

인성
질문

- 성숙한 인격은 온화함으로 드러나요. 나를 따뜻하고 편하게 대해 주었던 사람을 떠올려 보고 그 사람의 장점이 무엇인지 생각해 보세요.
- 최근에 내가 함부로 말하고 험한 표정을 지었던 경우를 떠올리고, 상대에게 사과의 마음을 전해 보세요.

不憤不啓, 不悱不發.
불　분　불　계　　　불　비　불　발

스스로 분발하여 얻기를 구하지 않으면 깨우쳐 주지 않는다.
하려는 말이 있는데 표현하지 못하는 경우가 아니면 일깨워 주지 않는다.

不	憤	不	啓	不	悱	不	發
아닐 **불**	분할 **분**	아닐 **불**	열 **계**	아닐 **불**	표현 못할 **비**	아닐 **불**	베풀 **발**

不	憤	不	啓	不	悱	不	發
아닐 **불**	분할 **분**	아닐 **불**	열 **계**	아닐 **불**	표현 못할 **비**	아닐 **불**	베풀 **발**

**인성
질문**

- 스스로 배우려고 하지 않으면 가르쳐 주어도 소용이 없어요. 나는 공부를 스스로 하고 있나요?
- 많은 사람이 기본적인 공부가 꼭 필요하다고 해요. 왜 공부를 해야 할지 생각해 보세요.

必也臨事而懼,
필 야 임 사 이 구

好謀而成者也.
호 모 이 성 자 야

반드시 일을 대할 때 신중히 경계하고,
계획 세우기를 좋아하여 성공하는 사람과 함께하겠다.

必	也	臨	事	而	懼		
반드시 **필**	어조사 **야**	임할 **임(림)**	일 **사**	말 이을 **이**	경계할 **구**		

好	謀	而	成	者	也		
좋아할 **호**	꾀할 **모**	말 이을 **이**	이룰 **성**	사람 **자**	어조사 **야**		

인성
질문

• 제자의 '누구와 함께 삼군을 거느리고 출정하시겠습니까?'라는 질문에 공자가 답한 말이에요. 공자는 용기만 앞세우는 사람보다 계획을 세워 차근차근 성취하는 사람을 더 믿을 만하다고 했어요. 성급하게 판단하고 행동했다가 낭패를 당한 경험을 떠올려 보세요.
• 지금 내가 계획한 일을 성공시키기 위해 보완해야 할 점을 생각해 보세요.

不義而富且貴,
불 의 이 부 차 귀

於我如浮雲.
어 아 여 부 운

의롭지 않게 부귀한 것은
나에게 뜬구름과 같은 것이다.

不	義	而	富	且	貴		
아닐 **불**	옳을 **의**	말 이을 **이**	부유할 **부**	또 **차**	귀할 **귀**		

於	我	如	浮	雲			
어조사 **어**	나 **아**	같을 **여**	뜰 **부**	구름 **운**			

**인성
질문**

- 정당하지 않은 방법으로 남을 속이고 괴롭혀서 많은 재산과 높은 지위를 얻으면 어떤 기분이 들까요?
- 인간다움이나 정의를 선택하면 때로는 부유함과 거리가 멀어질 수도 있어요. 그럼에도 의로움을 택해야 하는 이유는 무엇일까요?

49
술이편

發憤忘食, 樂以忘憂,
발 분 망 식　　낙 이 망 우

不知老之將至云爾.
부 지 노 지 장 지 운 이

배움을 위해 분발할 때는 먹는 것을 잊고, 즐거워 모든 근심을 잊으며,
늙어가는 것조차 알지 못한다.

發	憤	忘	食	樂	以	忘	憂
일어날 **발**	분할 **분**	잊을 **망**	먹을 **식**	즐거울 **낙(락)**	써 **이**	잊을 **망**	근심 **우**

不	知	老	之	將	至	云	爾
아닐 **부(불)**	알 **지**	늙을 **노(로)**	어조사 **지**	장차 **장**	이를 **지**	이를 **운**	어조사 **이**

인성
질문

- 이 문장은 공자가 어떤 사람인지 표현하는 거예요. 공자와 같은 성인은 왜 이렇게 배움을 강조했을까요? 우리 삶에서 배움은 왜 중요할까요?
- 주변의 상황을 잊어버릴 정도로 몰입한 경험이 있나요? 어떤 것을 배울 때 몰입했는지 생각해 보세요. 그게 내가 가장 좋아하는 것이에요.

擇其善者而從之,
택 기 선 자 이 종 지

其不善者而改之.
기 불 선 자 이 개 지

선량한 사람에게서 선함을 가려 따르고,
선량하지 못한 사람에게서 그 선하지 않은 것을 거울삼아 자신의 허물을 고쳐라.

擇	其	善	者	而	從	之	
가릴 **택**	그 **기**	착할 **선**	사람 **자**	말 이을 **이**	따를 **종**	어조사 **지**	

其	不	善	者	而	改	之	
그 **기**	아닐 **불**	착할 **선**	사람 **자**	말 이을 **이**	고칠 **개**	어조사 **지**	

인성
질문

- 다른 사람이 잘못한 것을 보고 '나는 저렇게 하지 말아야지.'라고 생각했던 경험이 있나요? 어떤 것을 배웠나요?
- 나는 주변 사람에게 본보기가 될 만한 행동을 하고 있나요? 사람들이 '너의 이런 점이 참 본받을 만 하다.'라고 했던 것을 떠올려 보고, 그 장점을 더 계발해 보세요.

51
술이편

仁遠乎哉,
인 원 호 재

我欲仁, 斯仁至矣.
아 욕 인 사 인 지 의

인(仁)이 어찌 멀리 있겠는가,
내가 인(仁)을 바라면 인(仁)이 이르는 것이다.

仁	遠	乎	哉				
어질 **인**	멀 **원**	어조사 **호**	어조사 **재**				

我	欲	仁	斯	仁	至	矣	
나 **아**	바랄 **욕**	어질 **인**	이것 **사**	어질 **인**	이를 **지**	어조사 **의**	

인성
질문

- '인(仁)'은 배우지 않고도 알 수 있는 양심이나 도덕이라고 볼 수 있어요. '이렇게 하면 좋은 것'이라는 생각이 드는 가치에는 무엇이 있을지 생각해 보세요.
- 내가 무엇을 원하는지에 따라 '나'라는 사람이 달라져요. 나는 무엇을 원하고 있나요? 돈이나 인기, 명성 등을 뛰어넘는 가치에는 어떤 것이 있을까요?

丘也幸.
구　야　행

苟有過, 人必知之.
구　유　과　　인　필　지　지

나는 운이 좋구나.
진실로 나에게 허물이 있으면, 남이 반드시 그것을 알려 주는구나.

丘	也	幸					
언덕 **구**	어조사 **야**	다행 **행**					

苟	有	過	人	必	知	之	
진실로 **구**	있을 **유**	허물 **과**	사람 **인**	반드시 **필**	알 **지**	어조사 **지**	

**인성
질문**

- 이 문장에서 '됴(구)'는 공자의 이름이에요. 공자는 왜 누군가가 자기의 허물을 알려 주면 운이 좋다고 기뻐했을까요?
- 다른 사람이 내 허물을 지적하면 왜 불편한 마음이 생길까요? 어떻게 하면 나의 잘못을 적극적으로 고칠 수 있을지 생각해 보세요.

53
술이편

君子坦蕩蕩,
군 자 탄 탕 탕

小人長戚戚.
소 인 장 척 척

군자는 마음이 평탄하고, 너그럽게 넓으며,
소인은 마음에 항상 근심이 많다.

君	子	坦	蕩	蕩			
어진 이 **군**	사람 **자**	평탄할 **탄**	넓을 **탕**	넓을 **탕**			

小	人	長	戚	戚			
작을 **소**	사람 **인**	항상 **장**	근심할 **척**	근심할 **척**			

인성
질문

• 인간의 도리를 잘 따르는 사람은 어떤 유혹이나 욕심에 매이지 않고 자유로워요. 어떻게 하면 쓸데없는 욕심에서 자유로울 수 있을까요?
• 근심은 무엇 때문에 생기는 것일까요? 사물에 집착하거나 욕심내지 않는다면 어떨까요?

8장

태백편 泰伯篇

'태백(泰伯)'은 주 나라를 세운 주문왕의 큰아버지예요. 태백은 첫째 아들이라서 왕위에 오를 수 있었지만 덕이 있는 동생에게 자리를 양보했어요. 공자는 그의 덕을 칭송했답니다. 〈태백편〉은 이상적인 정치를 위한 자기 수양에 대해 이야기하고 있어요.

恭而無禮則勞, 愼而無禮則蔥,
공 이 무 례 즉 로　　신 이 무 례 즉 사

勇而無禮則亂, 直而無禮則絞.
용 이 무 례 즉 란　　직 이 무 례 즉 교

공손하되 예가 없으면 (남의 비위만 맞추어) 헛수고가 된다.
신중하되 예가 없으면 (삼가기만 하고 나서지 않으니) 두려워한다.
용감하되 예가 없으면 (분별없이 날뛰니) 난폭하게 된다.
정직하되 예가 없으면 (곧기만 하여 치우치니) 남을 헐뜯을 뿐이다.

恭	而	無	禮	則	勞	愼	而	無	禮	則	蔥
공손할 **공**	말 이을 **이**	없을 **무**	예절 **례**	곧 **즉**	애쓸 **로**	삼갈 **신**	말 이을 **이**	없을 **무**	예절 **례**	곧 **즉**	두려울 **사**

勇	而	無	禮	則	亂	直	而	無	禮	則	絞
용감할 **용**	말 이을 **이**	없을 **무**	예절 **례**	곧 **즉**	포악할 **란**	곧을 **직**	말 이을 **이**	없을 **무**	예절 **례**	곧 **즉**	헐뜯을 **교**

인성
질문

- 여기서 '예(禮)'는 눈으로 보이는 형식, 허례허식이 아니라 한쪽으로 치우치지 않는 절제를 뜻해요. 아무리 좋은 가치라 하더라도 한쪽으로 치우치면 예를 잃는 거예요. 내가 알던 '예(禮)'와 어떻게 다른지 생각해 보세요.
- 지나치게 정직하기만 해서 다른 친구의 잘못을 비난하는 친구에게 어떤 말을 해 주면 좋을까요?

動容貌, 斯遠暴慢矣,
동 용 모　사 원 포 만 의

正顏色, 斯近信矣,
정 안 색　사 근 신 의

出辭氣, 斯遠鄙倍矣.
출 사 기　사 원 비 패 의

몸을 움직일 때 난폭함과 거만함을 멀리하라.
얼굴빛을 바르게 할 때 믿음직하게 하라.
말할 때 속되고 도리에 벗어나는 말을 멀리하라.

動	容	貌	斯	遠	暴	慢	矣	正	顏	色	
움직일 **동**	얼굴 **용**	모양 **모**	곧 **사**	멀리할 **원**	사나울 **포**	거만할 **만**	어조사 **의**	바를 **정**	낮 **안**	낮 **색**	

斯	近	信	矣	出	辭	氣	斯	遠	鄙	倍	矣
곧 **사**	가까울 **근**	믿을 **신**	어조사 **의**	날 **출**	말씀 **사**	기운 **기**	곧 **사**	멀리할 **원**	더러울 **비**	등질 **패**	어조사 **의**

인성
질문

• 주변 사람들에게 위협이 될 것처럼 몸을 거칠게 움직이는 친구가 있다면 어떻게 대하는 것이 좋을지
　생각해 보세요.
• 상대방에게 믿음이 가는 얼굴을 가지도록 자주 거울을 바라보세요.

戰戰兢兢.
전 전 긍 긍

如臨深淵, 如履薄氷.
여 림 심 연   여 리 박 빙

몸가짐을 조심하고 삼가라.
깊은 못에 서 있는 듯하고, 얇은 얼음을 밟는 듯 하라.

戰	戰	兢	兢				
두려울 **전**	두려울 **전**	삼갈 **긍**	삼갈 **긍**				

如	臨	深	淵	如	履	薄	氷
같을 **여**	임할 **림**	깊을 **심**	못 **연**	같을 **여**	밟을 **리**	얇을 **박**	얼음 **빙**

인성
질문

• 항상 조심하고 신중해야 함을 강조하는 말이에요. 특히, 부모님이 주신 몸을 다치면 부모님의 마음이 아플 수 있으니 조심해야 합니다. 몸을 상하게 하지 않으려면 어떤 주의를 기울여야 할지 생각해 보세요.
• 몸조심하는 것과 함께, 부모님을 욕되게 하지 않으려면 어떤 것을 조심해야 할지 생각해 보세요.

士不可以不弘毅,
사 불 가 이 불 홍 의

任重而道遠.
임 중 이 도 원

선비는 뜻이 크고 의지가 강하지 않으면 안 되니,
그 맡은 바가 무겁고 그 길이 멀기 때문이다.

士	不	可	以	不	弘	毅	
선비 **사**	아닐 **불**	가히 **가**	써 **이**	아닐 **불**	클 **홍**	굳셀 **의**	

任	重	而	道	遠			
맡을 **임**	무거울 **중**	말 이을 **이**	길 **도**	멀 **원**			

인성
질문

- 여기서 '선비'는 '남의 본보기가 되어야 하는 리더'로 바꾸어 읽어도 좋아요. 다른 사람에게 본보기가 되려면 어떤 마음가짐을 가지면 좋을지 생각해 보세요.
- 의지를 갖고 실천해서 목표를 달성한 경험을 떠올리고, 중간에 힘든 일이 있었을 때 어떻게 극복했는지 생각해 보세요. 앞으로 다른 일을 할 때도 도움이 된답니다.

不在其位, 不謀其政.
부 재 기 위 　 불 모 기 정

그 자리에 있지 않다면,
그 자리에서 해야 할 일을 도모하지 말라.

不	在	其	位	不	謀	其	政
아닐 **부(불)**	있을 **재**	그 **기**	자리 **위**	아닐 **불**	꾀할 **모**	그 **기**	정사 **정**

不	在	其	位	不	謀	其	政
아닐 **부(불)**	있을 **재**	그 **기**	자리 **위**	아닐 **불**	꾀할 **모**	그 **기**	정사 **정**

인성
질문

- 다른 사람의 처지를 모르면서 이러쿵저러쿵 떠드는 것은 바람직한 행동이 아니에요. 그 사람이 힘든 점을 헤아리고 도와주는 것이 좋겠지요? 주변에 내 도움이 필요할 만한 사람이 있는지 떠올려 보고 어떤 도움을 줄지 생각해 보세요.
- 내 일을 제대로 처리하지 못했던 경우를 떠올려 보고, 다시 그 상황에서 어떻게 할지 생각해 보세요.

學如不及, 猶恐失之.
학 여 불 급 유 공 실 지

배울 때는 미치지 못할 듯 부지런히 하고,
오히려 그 배운 것을 혹 잃을까 두려워해야 한다.

學	如	不	及	猶	恐	失	之
배울 **학**	같을 **여**	아닐 **불**	미칠 **급**	오히려 **유**	두려울 **공**	잃을 **실**	어조사 **지**

學	如	不	及	猶	恐	失	之
배울 **학**	같을 **여**	아닐 **불**	미칠 **급**	오히려 **유**	두려울 **공**	잃을 **실**	어조사 **지**

인성
질문

- 배움이 없는 삶은 의미가 없어요. 발전과 성장은 우리 인생에서 중요하기 때문이에요. 나는 어떤 어른으로 성장하고 싶은지 종이에 써서 눈에 잘 띄는 곳에 붙여 보세요.
- 내가 좋아하는 분야는 어떤 분야인가요? 부모님이 원하는 소원이 아닌, 내가 정말 좋아하는 것을 생각해 보세요.

9장

자한편 子罕篇

'자한(子罕)'은 '공자가 이익(利)이나 천명(命), 인간의 도리(仁)에 대해 말이 적었다.'라는 뜻이에요. '말이 적었다'는 것은 가볍게 말하지 않았다는 것이지요. 〈자한편〉은 겸손하게 덕을 추구하고 꾸준히 노력하는 자세의 중요성을 담고 있어요.

子絶四,
자 절 사

母意, 母必, 母固, 母我.
무 의 무 필 무 고 무 아

공자는 네 가지가 전혀 없었다.
근거 없이 추측하지 않았다. 반드시 그러해야 한다고 하지 않았다.
고집하는 바가 없었다. 자기중심적이지 않았다.

子	絶	四			
사람 **자**	끊을 **절**	넉 **사**			

母	意	母	必	母	固	母	我
말 **무**	의심할 **의**	말 **무**	반드시 **필**	말 **무**	완고할 **고**	말 **무**	나 **아**

인성
질문

- 자기 생각만을 강요하는 사람을 보면 어떤 마음이 드나요? 말이 통하지 않는 고집불통이 되지 않으려면 어떤 노력을 기울여야 할까요?
- 자기중심적이지 않고 다른 사람의 의견을 잘 수용하는 사람에게 배울 점은 무엇인지 생각해 보세요.

君子居之, 何陋之有.
군 자 거 지 　 하 루 지 유

군자가 사는 곳에 어찌 누추함이 있겠는가?

君	子	居	之	何	陋	之	有
어진 이 **군**	사람 **자**	살 **거**	어조사 **지**	어찌 **하**	더러울 **루**	어조사 **지**	어조사 **유**

君	子	居	之	何	陋	之	有
어진 이 **군**	사람 **자**	살 **거**	어조사 **지**	어찌 **하**	더러울 **루**	어조사 **지**	어조사 **유**

인성
질문

- 어디든 내가 있는 곳은 나로 인해 밝아진다고 생각하면 어떨까요? 주변 사람들을 위해 내가 할 수 있는 것은 무엇인지 생각해 보세요.
- 오늘 하루 가족들을 기쁘게 하기 위해 한 가지 일을 계획하고 실천해 보세요.

逝者如斯夫,
서 자 여 사 부

不舍晝夜.
불 사 주 야

가는 것이 마치 이 물과 같구나.
밤낮으로 쉬지 않고 흘러가는구나.

逝	者	如	斯	夫			
갈 **서**	것 **자**	같을 **여**	이 **사**	감탄사 **부**			

不	舍	晝	夜				
아닐 **불**	쉴 **사**	낮 **주**	밤 **야**				

인성
질문

- 공자가 시냇가에서 흘러가는 물을 보고 한 말이에요. 세상 모든 것은 물이 흘러가듯 변해요. 변하는
  것에는 무엇이 있는지 생각해 보세요.
- 시간은 한번 흘러가면 되돌아오지 않아요. 내일 하루를 어떻게 보낼지 계획해 보세요.

譬如爲山,
비 여 위 산

未成一簣, 止, 吾止也.
미 성 일 궤 지 오 지 야

(배움이란) 비유하자면 산을 만드는 것과 같아서,
한 삼태기의 흙을 붓지 않고 그만두는 것도 내가 그만두는 것이다.

譬	如	爲	山				
비유할 **비**	같을 **여**	할 **위**	뫼 **산**				

未	成	一	簣	止	吾	止	也
아닐 **미**	이룰 **성**	한 **일**	삼태기 **궤**	그칠 **지**	나 **오**	그칠 **지**	어조사 **야**

- 흙을 잔뜩 쏟아부어서 산을 완성하기 직전에 한 삼태기를 붓지 않아서 산이 완성되지 않을 수도 있어
  요. 모든 일의 성패는 어디에 달린 것일까요?
- 무엇을 할 때 가장 중요한 것은 각자의 자유로운 의지예요. 나는 어떻게 살고 싶은지, 그것을 방해하
  는 것은 무엇일지 생각해 보세요.

後生可畏,
후 생 가 외

焉知來者之不如今也.
언 지 래 자 지 불 여 금 야

젊은이들은 두려워할 만하니,
어찌 장래에 그들이 지금보다 못하다고 알 수 있는가?

後	生	可	畏	焉	知	來	者
뒤 **후**	날 **생**	가히 **가**	두려울 **외**	어찌 **언**	알 **지**	올 **래**	사람 **자**

之	不	如	今	也			
어조사 **지**	아닐 **불**	같을 **여**	이제 **금**	어조사 **야**			

인성 질문

• 나에게는 무한한 잠재력이 있어요. 어떻게 능력을 계발하느냐에 따라 미래가 달라질 수 있어요. 나에게 어떤 능력이 있는지 생각해 보세요. 남들에게 어려운 것이 나에게는 쉽다면 그것이 하나의 단서가 될 수 있어요.

• 나의 능력을 계발하기 위해 어떤 노력을 하고 있나요?

無友不如己者.
무 우 불 여 기 자

인격이 나만 같지 못한 사람을 벗하지 말라.

無	友	不	如	己	者		
말 **무**	벗 **우**	아닐 **불**	같을 **여**	자기 **기**	사람 **자**		
無	友	不	如	己	者		
말 **무**	벗 **우**	아닐 **불**	같을 **여**	자기 **기**	사람 **자**		

인성
질문

• 배울 점이 많은 친구를 떠올려 보세요. 그 친구에게서 무엇을 배우고 싶나요?
• 모든 친구와 친하게 지낼 필요는 없어요. 사귀고 싶은 친구는 어떤 친구인지 생각해 보세요.

三軍可奪帥也,
삼 군 가 탈 수 야

匹夫不可奪志也.
필 부 불 가 탈 지 야

대군의 장수를 **빼앗을** 수 있지만,
한 사람의 의지는 **빼앗을** 수 없다.

三	軍	可	奪	帥	也	
석 **삼**	군대 **군**	가히 **가**	빼앗을 **탈**	장수 **수**	어조사 **야**	

匹	夫	不	可	奪	志	也	
천한 사람 **필**	사나이 **부**	아닐 **불**	가히 **가**	빼앗을 **탈**	뜻 **지**	어조사 **야**	

인성
질문

- 역사적으로 강한 의지로 큰일을 이룬 위인을 떠올려 보세요. 어떤 점을 배울 수 있나요?
- 성어 '와신상담(臥薪嘗膽)'의 뜻을 찾아보고, 이야기 속 인물의 의지에 대해 이야기해 보세요.

67
자한편

歲寒然後,
세 한 연 후

知松柏之後彫也.
지 송 백 지 후 조 야

추워진 후에야
소나무, 잣나무가 늦게 시드는 것을 알 수 있다.

歲	寒	然	後			
세월 **세**	찰 **한**	그럴 **연**	뒤 **후**			

知	松	柏	之	後	彫	也
알 **지**	소나무 **송**	잣나무 **백**	어조사 **지**	뒤 **후**	시들 **조**	어조사 **야**

인성
질문

- 한겨울이 되어 낙엽도 떨어지고 나면 소나무와 잣나무가 푸르게 서 있는 것이 더 눈에 들어와요. 이 처럼 어떤 시련을 겪고 나면 사람 중에서도 옥석을 가릴 수 있어요. 내가 힘들 때 곁에서 위로해 준 친구가 있는지 떠올려 보고, 그 친구에게 해 주고 싶은 말을 전해 보세요.

10장 향당편 鄕黨篇

〈향당편〉은 공자의 평소 행동에 대한 내용을 담고 있어요. '席不正, 不坐(석부정 부좌, 자리가 바르지 않으면 앉지 않았다)'와 같은 문장에서 공자의 모습을 상상하고, 어떤 모습을 본받아야 하는지 생각하며 읽어 보세요.

席不正, 不坐.
석 부 정 부 좌

(공자는) 자리가 바르지 않으면 앉지 않았다.

席	不	正	不	坐			
자리 **석**	아닐 **부(불)**	바를 **정**	아닐 **부(불)**	앉을 **좌**			

席	不	正	不	坐			
자리 **석**	아닐 **부(불)**	바를 **정**	아닐 **부(불)**	앉을 **좌**			

인성 질문

• 이 말에서 '자리'는 앉을 자리로 볼 수도 있고 환경, 사회적인 위치라고도 할 수 있어요. 바르지 않은 자리라면 쉽게 앉아서는 안 되겠지요? 공자는 왜 매사에 바른 것을 중요하게 여겼을지 생각해 보세요.

• '처신(處身)'은 '세상을 살아가는 데 가져야 할 몸가짐이나 행동'을 뜻하는 말입니다. 올바른 처신을 위해 주의해야 할 점은 무엇인지 생각해 보세요.

色斯擧矣, 翔而後集.
색 사 거 의 상 이 후 집

새도 사람의 안색을 살피고 (좋지 않으면) 날아갔다가,
빙빙 돌다가 (안전한 것을 보고) 나무에 앉는다.

色	斯	擧	矣	翔	而	後	集
낮 **색**	이에 **사**	날아오를 **거**	어조사 **의**	돌아날 **상**	말 이을 **이**	뒤 **후**	모일 **집**

色	斯	擧	矣	翔	而	後	集
낮 **색**	이에 **사**	날아오를 **거**	어조사 **의**	돌아날 **상**	말 이을 **이**	뒤 **후**	모일 **집**

**인성
질문**

- 동물들도 자리에 앉을 때 위험한지 아닌지 확인해요. 새로운 모임에 참여하거나, 몰랐던 사람을 사귈 때 어떤 점을 잘 살펴보아야 할까요?
- 항상 안전만 따질 수는 없어요. 올바른 가치를 위해서라면 위험을 무릅써야 할 경우도 있어요. 위험에도 불구하고 뛰어들어야 하는 상황은 어떤 것이 있을지 생각해 보세요.

11장

선진편 先進篇

〈선진편〉은 안회, 자로, 민자건 등 공자를 따르던 제자들의 장단점을 평한 내용을 담고 있어요. 평소 나의 행동을 돌아보며 읽어 보세요.

未能事人, 焉能事鬼.
미 능 사 인 언 능 사 귀

未知生, 焉知死.
미 지 생 언 지 사

능히 사람을 섬기지 못한다면 어찌 귀신을 섬기겠느냐?
삶을 알지 못한다면 어찌 죽음을 알겠느냐?

未	能	事	人	焉	能	事	鬼
아닐 **미**	능할 **능**	섬길 **사**	사람 **인**	어찌 **언**	능할 **능**	섬길 **사**	귀신 **귀**

未	知	生	焉	知	死		
아닐 **미**	알 **지**	살 **생**	어찌 **언**	알 **지**	죽을 **사**		

인성
질문

• 공자는 눈앞의 사람과 삶이 귀신이나 죽음보다 더 중요하다고 생각했어요. 왜 그렇게 생각했을까요?
• 눈에 보이지 않는 귀신이나 미스터리 같은 신기한 것에만 관심을 두는 친구가 있다면 어떤 말을 해 주면 좋을까요?

71
선진편

過猶不及.
과 유 불 급

지나친 것은 미치지 못하는 것과 같다.

過	猶	不	及				
지나칠 **과**	같을 **유**	아닐 **불**	미칠 **급**				

過	猶	不	及				
지나칠 **과**	같을 **유**	아닐 **불**	미칠 **급**				

**인성
질문**

• 컵에 물을 따를 때 넘치거나 너무 부족한 경우는 모두 적절한 정도를 벗어난 것이에요. 알맞은 것이 아니라면 지나치거나 부족한 것이나 마찬가지입니다. 음식을 먹을 때 과식하는 친구에게 어떤 말을 해 주면 좋을까요?

• 무슨 일이든 지나치거나 모자람이 없게 하려면 어떻게 하면 좋을지 생각해 보세요.

不踐迹, 亦不入於室.
불 천 적 역 불 입 어 실

옛사람들의 발자취를 밟지 않으면, 심오한 경지에 들어가지 못한다.

不	踐	迹	亦	不	入	於	室
아닐 **불**	밟을 **천**	자취 **적**	또 **역**	아닐 **불**	들 **입**	어조사 **어**	집 **실**

不	踐	迹	亦	不	入	於	室
아닐 **불**	밟을 **천**	자취 **적**	또 **역**	아닐 **불**	들 **입**	어조사 **어**	집 **실**

**인성
질문**

- 옛사람이 쓴 글을 읽거나 가르침을 받아야 한다는 말이에요. 왜 혼자서 공부하지 않고, 선생님이나 책을 통해 배워야 할까요?
- 선생님의 가르침을 통해 새로운 지식이나 깨달음을 얻었던 경험을 떠올려 보고, 더 잘 배우려면 어떻게 하면 좋을지 생각해 보세요.

所謂大臣者,
소 위 대 신 자

以道事君, 不可則止.
이 도 사 군　　 불 가 즉 지

이른바 큰 신하라고 할 수 있는 자는
도로써 임금을 섬기다가, 그것이 불가능하게 되면 물러나는 사람이다.

所	謂	大	臣	者		
바 소	이를 위	큰 대	신하 **신**	사람 **자**		

以	道	事	君	不	可	則	止
써 **이**	도리 **도**	섬길 **사**	임금 **군**	아닐 **불**	가히 **가**	곧 **즉**	그만둘 **지**

인성
질문

• 윗사람이 이치에 맞지 않는 일을 시키면 어떻게 해야 할까요?
• 제2차 세계 대전 당시 독일에서는 나치당이 세력을 잡아 독일인을 전쟁으로 내몰았어요. 독일군은
　유대인들을 가스실에서 살해했어요. 충실하게 명령을 이행한 군인은 책임이 없는 것일까요?

惡夫佞者.
오 부 녕 자

나는 말만 번지르르하게 하는 자를 미워한다.

惡	夫	佞	者				
미워할 **오**	사나이 **부**	아첨할 **녕**	사람 **자**				

惡	夫	佞	者				
미워할 **오**	사나이 **부**	아첨할 **녕**	사람 **자**				

 인성 질문
- 말을 잘하는 사람은 어떤 실수를 저지르기 쉬울까요?
- 공자가 말주변이 있는 자를 미워한다고 한 이유는 무엇일지 생각해 보세요.

안연편 顔淵篇

〈안연편〉에는 공자가 가장 아끼던 제자 안연을 비롯한 제자들과 공자의 문답이 실려 있어요. 주로 무엇이 '인(仁)'인가에 대해 나눈 이야기들이에요. 인과 이상적인 군자의 모습에 대해서 생각하며 읽어 보세요.

克己復禮爲仁.

극 기 복 례 위 인

자기를 이기고 예로 돌아가는 것이 인(仁)이다.

克	己	復	禮	爲	仁		
이길 **극**	자기 **기**	돌아갈 **복**	예의 **례**	할 **위**	어질 **인**		

克	己	復	禮	爲	仁		
이길 **극**	자기 **기**	돌아갈 **복**	예의 **례**	할 **위**	어질 **인**		

인성
질문

- '자기를 이긴다'라는 것은 사람마다 다르게 해석할 수 있어요. 나의 어떤 모습을 극복하고 싶은지 생각해 보세요. 왜 그런 것을 이겨 내고 싶은가요?
- 여기에서 '예'는 절제를 말해요. 나의 하루를 올바르게 지내기 위해 어떻게 하면 좋을지 생각해 보세요.

76
안연편

己所不欲, 勿施於人.
기 소 불 욕 물 시 어 인

자기가 하고 싶지 않은 것은
남에게 시키지 말라.

己	所	不	欲	勿	施	於	人
자기 **기**	바 **소**	아닐 **불**	바랄 **욕**	말 **물**	베풀 **시**	어조사 **어**	사람 **인**

己	所	不	欲	勿	施	於	人
자기 **기**	바 **소**	아닐 **불**	바랄 **욕**	말 **물**	베풀 **시**	어조사 **어**	사람 **인**

인성
질문

- 내가 하기 싫은 것은 다른 사람도 하기 싫을 거예요. 그런 것을 적어 보고 남에게 시키지 않도록 노력해 보세요.
- 나를 대하듯 다른 사람을 대하면 사람 사이의 갈등이 사라질 거예요. 최근에 불편한 관계에 있던 사람을 떠올려 보고, 앞으로 어떻게 대하면 좋을지 생각해 보세요.

内省不疚,
내 성 불 구

夫何憂何懼.
부 하 우 하 구

마음속으로 살펴 부끄러움이 없으면,
무엇을 근심하고 두려워하겠는가?

内	省	不	疚			
안 **내**	살필 **성**	아닐 **불**	부끄러울 **구**			

夫	何	憂	何	懼		
무릇 **부**	무엇 **하**	근심 **우**	무엇 **하**	두려울 **구**		

**인성
질문**

- 근심과 두려움이 없는 사람은 마음에 부끄러움이 없어 당당하기 때문이에요. 어떻게 하면 항상 당당할 수 있을까요?
- 걱정은 밖에서 오는 것일까요? 내 안에서 오는 것일까요? 왜 그렇게 생각하나요?

浸潤之譖, 膚受之愬,
침 윤 지 참 부 수 지 소

不行焉, 可謂明也已矣.
불 행 언 가 위 명 야 이 의

물처럼 젖어 드는 헐뜯는 말과 피부에 와닿는 하소연에도,
행하지 않으면 사리에 밝다고 할 수 있다.

浸	潤	之	譖	膚	受	之	愬		
잠길 **침**	젖을 **윤**	어조사 **지**	참소 **참**	피부 **부**	받을 **수**	어조사 **지**	하소연 **소**		

不	行	焉	可	謂	明	也	已	矣	
아닐 **불**	행할 **행**	이에 **언**	가히 **가**	이를 **위**	밝을 **명**	어조사 **야**	따름 **이**	어조사 **의**	

- 누군가를 헐뜯는 말은 물이 스미듯 은근하게 젖어 들어요. 그럴 때 판단을 잘못하기 쉬워요. 나에게 와서 다른 사람을 흉보는 친구에게 어떤 말을 해 주면 좋을까요?
- 감정적으로 하소연하는 사람은 어떻게 대하는 것이 좋을지 생각해 보세요.

君君, 臣臣, 父父, 子子.
군 군　신 신　부 부　자 자

임금은 임금답고, 신하는 신하답고
아버지는 아버지답고, 아들은 아들다워야 한다.

君	君	臣	臣	父	父	子	子
임금 **군**	임금 **군**	신하 **신**	신하 **신**	아버지 **부**	아버지 **부**	아들 **자**	아들 **자**

君	君	臣	臣	父	父	子	子
임금 **군**	임금 **군**	신하 **신**	신하 **신**	아버지 **부**	아버지 **부**	아들 **자**	아들 **자**

**인성
질문**

- 임금은 맡은 책임을 다하고, 신하는 신하의 본분을 다할 때 나라가 바로 서지요. 그리고 가족들이 각자의 자리에서 책임을 다할 때 가정이 바로 서지요. 학교에서는 어떤가요? 학생으로서 나의 본분은 무엇일지 생각해 보세요.
- 우리 집에서 내 책임은 무엇인지 생각해 보세요.

君子成人之美, 不成人之惡,
군 자 성 인 지 미 불 성 인 지 악

小人反是.
소 인 반 시

군자는 타인의 아름다운 명성을 이루게 하고, 나쁜 명성은 이루어지지 않게 한다.
소인은 그와 반대이다.

君	子	成	人	之	美	不	成
어진 이 **군**	사람 **자**	이룰 **성**	사람 **인**	어조사 **지**	아름다울 **미**	아닐 **불**	이룰 **성**

人	之	惡	小	人	反	是	
사람 **인**	어조사 **지**	악할 **악**	작을 **소**	사람 **인**	돌이킬 **반**	이 **시**	

인성
질문

• 다른 사람을 뒤에서 칭찬하는 것과 그 사람 앞에서 칭찬하는 것은 어떻게 다를까요?
• 남이 잘되는 것을 질투하는 마음은 왜 생기는 것일까요?

政者, 正也.
　정　자　　　정　야

子帥以正, 孰敢不正.
　자　솔　이　정　　　숙　감　부　정

다스린다는 것은 바른 것이다.
그대가 올바름으로써 이끈다면, 누가 감히 올바르지 않겠는가?

政	者	正	也				
정사 **정**	것 **자**	바를 **정**	어조사 **야**				

子	帥	以	正	孰	敢	不	正
당신 **자**	거느릴 **솔**	써 **이**	바를 **정**	누구 **숙**	감히 **감**	아닐 **부(불)**	바를 **정**

**인성
질문**

- 다른 사람을 이끄는 리더라면 먼저 자기가 바른 모습을 보여야 합니다. 사람들은 왜 리더의 위치에 있는 사람이 잘못하면 일반 사람들보다 더 크게 비난할까요?
- 성어 '솔선수범(率先垂範)'의 뜻을 찾아보고, 이 말과 연결해서 생각해 보세요.

82
안연편

忠告而善道之,
충 고 이 선 도 지

不可則止, 無自辱焉.
불 가 즉 지 무 자 욕 언

충심으로 권고하고 잘 이끌어 주되,
듣지 않으면 그만두어, 스스로 욕됨이 없도록 해야 한다.

忠	告	而	善	道	之		
충성 **충**	고할 **고**	말 이을 **이**	착할 **선**	도리 **도**	어조사 **지**		

不	可	則	止	無	自	辱	焉
아닐 **불**	가히 **가**	곧 **즉**	그칠 **지**	없을 **무**	스스로 **자**	욕될 **욕**	이에 **언**

인성질문

• 친구를 사귀는 방법에 대한 말입니다. 친구의 잘못을 충고했을 때 친구가 받아들이지 않는다면 어떻게 하면 좋을까요?
• 친한 친구라도 직설적으로 말하면 사이가 틀어질 수 있어요. 친한 친구를 떠올려 보고, 그 친구의 고칠 점에 대해 부드럽게 말하는 방법을 생각해 보세요.

13장

자로편 子路篇

'자로(子路)'는 공자의 제자 중에서 가장 성격이 강직하고
열정적이었어요. 〈자로편〉은 자로와의 대화를 시작으로,
다른 제자들과 공자의 문답으로 이루어져 있어요. 국가의
운영, 교육, 개인의 도덕 수양 등 다양한 내용을 담고 있
어요.

先之, 勞之, 無倦.
선 지 노 지 무 권

자신이 앞장서 실행하라. 몸소 수고하라. 직무를 게을리하지 말라.

先	之	勞	之	無	倦		
먼저 **선**	어조사 **지**	힘쓸 **노(로)**	어조사 **지**	말 **무**	게으를 **권**		

先	之	勞	之	無	倦		
먼저 **선**	어조사 **지**	힘쓸 **노(로)**	어조사 **지**	말 **무**	게으를 **권**		

인성 질문

- 정치에 대한 질문에 공자의 대답이에요. 남을 이끄는 사람은 먼저 실행하고, 수고하고, 직무를 게을리 하지 말아야 해요. 자기는 하지 않고 지시만 하는 리더에게는 어떤 조언을 해 줄 수 있을까요?
- 내가 맡은 일을 책임감 있게 끝까지 해내려면 어떤 정신이 필요할지 생각해 보세요.

其身正, 不令而行,
기　신　정　　불　령　이　행

其身不正, 雖令不從.
기　신　부　정　　수　령　부　종

그 몸이 바르면, 명령하지 않아도 행해질 것이고,
그 몸이 바르지 않으면, 비록 명령하더라도 따르지 않을 것이다.

其	身	正	不	令	而	行	
그 기	몸 신	바를 정	아닐 불	명령할 령	말 이을 이	행할 행	

其	身	不	正	雖	令	不	從
그 기	몸 신	아닐 부(불)	바를 정	비록 수	명령할 령	아닐 부(불)	따를 종

인성
질문

- 학교 선생님께서 아침에 지각하면서 학생들에게 늦지 말라고 하면 아무도 그 말을 따르지 않을 거예요. 내 생활 습관 중 고쳐야 할 좋지 않은 습관이 있다면 무엇인지 생각해 보세요.
- 진정한 다스림은 먼저 스스로 바르게 하는 것입니다. 내가 대통령이 된다면 나를 어떻게 바르게 다스려 나갈지 생각해 보세요.

居處恭, 執事敬, 與人忠.
거 처 공 집 사 경 여 인 충

일상생활에서 행동을 공손하게 하며,
일을 맡아 처리할 때는 신중하게 하며,
사람들과 사귐에 충성을 다하라.

居	處	恭	執	事	敬		
살 **거**	곳 **처**	공손할 **공**	맡을 **집**	일 **사**	공경 **경**		

與	人	忠					
더불 **여**	사람 **인**	충성 **충**					

**인성
질문**

- 다른 사람을 종종 무례하게 대하는 사람을 보면 어떤 생각이 드나요? 예의를 지키지 않는 사람에게
  마음을 열기 힘든 이유는 무엇일까요?
- 맡은 일을 신중하게 처리하는 사람을 떠올려 보세요. 그 사람에게 배울 점은 무엇인가요?

君子, 和而不同,
군 자　　화이부동

小人, 同而不和.
소 인　　동이불화

군자는 조화롭게 어울리되 아부하지 않으나,
소인은 아부하되 조화롭게 어울리지 못한다.

君	子	和	而	不	同		
어진 이 **군**	사람 **자**	화할 **화**	말 이을 **이**	아닐 **부(불)**	함께 **동**		

小	人	同	而	不	和		
작을 **소**	사람 **인**	함께 **동**	말 이을 **이**	아닐 **불**	화할 **화**		

- '조화롭게 어울린다'라는 말은 틀린 것도 맞다고 하는 것이 아니라, 모든 사람을 공정하게 대우하면서
  도 잘 어울리는 거예요. 상대의 비위만 맞춘다면 어떤 일이 일어날까요?
- 왜 사람들이 상대에게 아부하는 경우가 있는지 생각해 보세요.

87
자로편

君子, 泰而不驕,
군 자 태 이 불 교

小人, 驕而不泰.
소 인 교 이 불 태

군자는 태연하되 교만하지 않으나,
소인은 교만하되 태연하지 못하다.

君	子	泰	而	不	驕		
어진 이 **군**	사람 **자**	편안할 **태**	말 이을 **이**	아닐 **불**	교만할 **교**		

小	人	驕	而	不	泰		
작을 **소**	사람 **인**	교만할 **교**	말 이을 **이**	아닐 **불**	편안할 **태**		

인성
질문

- 사람이 편안하고 태연하지 못한 이유는 양심을 거스르는 말과 행동을 하기 때문인 경우가 많아요. 나는 양심을 잘 따르고 있나요?
- 남들보다 조금 뛰어나다고 생각하면 교만하기 쉬워요. 교만한 마음을 벗어나려면 어떻게 하면 좋을까요?

剛毅木訥, 近仁.
강 의 목 눌 근 인

강직하고 용맹스럽고 질박하고 입이 무거우면, 인(仁)에 가깝다.

剛	毅	木	訥	近	仁		
굳셀 **강**	굳셀 **의**	질박할 **목**	말 더듬을 **눌**	가까울 **근**	어질 **인**		

剛	毅	木	訥	近	仁		
굳셀 **강**	굳셀 **의**	질박할 **목**	말 더듬을 **눌**	가까울 **근**	어질 **인**		

인성 질문

- 강직하면 주변 환경이나 조건 때문에 자기 의지를 굽히지 않을 거예요. 역사적인 인물이나 주변 사람들 중에 강직한 사람을 떠올려 보세요. 어떤 점을 배울 수 있을까요?
- 질박함은 꾸밈없고 사치스럽지 않다는 말이에요. 사치스러우면 현명함, 인간다움에서 멀어질 수 있어요. 그 이유를 생각해 보세요.

89
자로편

朋友切切偲偲,
붕 우 절 절 시 시

兄弟怡怡.
형 제 이 이

친구에게는 지극히 간절하게 선을 권하고 격려하고,
형제에게는 온화한 태도를 가져라.

朋	友	切	切	偲	偲		
벗 **붕**	벗 **우**	정성스러울 **절**	정성스러울 **절**	책선할 **시**	책선할 **시**		

兄	弟	怡	怡				
형 **형**	아우 **제**	온화할 **이**	온화할 **이**				

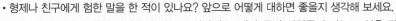

 인성
질문

• 형제나 친구에게 험한 말을 한 적이 있나요? 앞으로 어떻게 대하면 좋을지 생각해 보세요.
• 좋은 것이 있으면 친한 사람들과 나누고 싶어져요. 내가 주변 사람들과 나누고 싶은 것에는 무엇
  이 있나요?

14장

헌문편 憲問篇

〈헌문편〉은 원헌이라는 제자와의 문답으로 이루어져 있어요. 주로 군자가 갖추어야 할 덕에 대한 이야기가 담겨 있어요. 우리나라 독립운동가였던 안중근 의사가 인용했던 '見利思義, 見危授命(견리사의, 견위수명, 이익을 보면 의로움을 생각하고 위태로움을 보면 목숨을 바쳐라)'이라는 문장이 유명해요.

士而懷居,
사 이 회 거

不足以爲士矣.
부 족 이 위 사 의

선비가 안락함만을 그리워하면,
선비라 말하기에 부족하다.

士	而	懷	居				
선비 **사**	말 이을 **이**	품을 **회**	안락할 **거**				

不	足	以	爲	士	矣		
아닐 **부(불)**	족할 **족**	써 **이**	할 **위**	선비 **사**	어조사 **의**		

**인성
질문**

- 몸과 마음의 편안함에만 너무 치중하면 어떤 유혹에 흔들리기 쉬울까요? 생각해 보세요.
- 안락함만을 추구하면서 해야 할 일을 하지 않는다면 행복할 수 있을까요? 〈삼국지〉의 유비 이야기에서 유래된 성어 '비육지탄(髀肉之嘆)'의 뜻을 찾아보고 이야기해 보세요.

愛之, 能勿勞乎.
애 지 능 물 로 호

忠焉, 能勿誨乎.
충 언 능 물 회 호

사랑한다고 해서 (자식을) 수고롭게 하지 않을 수 있겠는가?
충성한다고 해서 (임금에게) 가르쳐 주지 않을 수 있겠는가?

愛	之	能	勿	勞	乎		
사랑 **애**	어조사 **지**	능할 **능**	말 **물**	일할 **로**	어조사 **호**		

忠	焉	能	勿	誨	乎		
충성 **충**	이에 **언**	능할 **능**	말 **물**	가르칠 **회**	어조사 **호**		

**인성
질문**

- 부모님이 나를 사랑한다고 감싸기만 하고 편하게만 해 주면 어떻게 될까요? 세상에 쓸모 있는 사람이 될 수 있을까요?
- 가까운 사람의 잘못을 보고도 그냥 둔다면 정말로 그 사람을 위하는 것이 아니에요. 어떻게 하면 기분이 상하지 않게 잘못을 고치도록 도와줄 수 있을지 생각해 보세요.

見利思義, 見危授命.
견 리 사 의 　 견 위 수 명

이익을 보면 의로움을 생각하고, 위태로움을 보면 목숨을 바쳐라.

見	利	思	義	見	危	授	命
볼 **견**	이로울 **리**	생각 **사**	옳을 **의**	볼 **견**	위태할 **위**	줄 **수**	목숨 **명**

見	利	思	義	見	危	授	命
볼 **견**	이로울 **리**	생각 **사**	옳을 **의**	볼 **견**	위태할 **위**	줄 **수**	목숨 **명**

인성
질문

- '개같이 벌어서 정승같이 산다'라는 말이 있어요. 올바르지 않은 방법을 쓰더라도 돈만 많이 벌면 좋은 것일까요?
- 이익 앞에서는 의로움보다 욕심이 앞서기 마련이에요. 위대한 인물들은 어떻게 자기 이익보다 의로움을 선택할 수 있었을까요?

其言之不怍,
기 언 지 부 작

則爲之也難.
즉 위 지 야 난

큰소리치고 부끄러워하지 않으면,
그것을 실천하기 어렵다.

其	言	之	不	怍			
그 기	말씀 언	어조사 지	아닐 부(불)	부끄러울 작			

則	爲	之	也	難			
곧 즉	할 위	어조사 지	어조사 야	어려울 난			

인성
질문

- 깊이 생각하지 않고 큰소리치는 사람의 말은 믿기 힘들어요. 말한 것을 반드시 실천하는 사람과 그렇지 않은 사람의 차이는 어디에서 오는 것일까요?
- 성어 '호언장담(豪言壯談)'의 뜻을 찾아보고, 이 말과 연결해서 생각해 보세요.

君子上達, 小人下達.
군 자 상 달   소 인 하 달

군자는 위로 통달하고, 소인은 밑바닥을 향해 추락한다.

君	子	上	達	小	人	下	達
어진 이 **군**	사람 **자**	윗 **상**	통달할 **달**	작을 **소**	사람 **인**	아래 **하**	통달할 **달**

君	子	上	達	小	人	下	達
어진 이 **군**	사람 **자**	윗 **상**	통달할 **달**	작을 **소**	사람 **인**	아래 **하**	통달할 **달**

인성
질문

• 사람은 모두 스스로 바라는 모습이 되어 갑니다. 나는 어떤 사람이 되기를 소망하고 있나요?
• 군자가 위로 통달한다는 말은 무슨 뜻일까요? 나는 내 내면의 성장을 위해서 어떤 노력을 하고 있나요?

古之學者爲己,
고 지 학 자 위 기

今之學者爲人.
금 지 학 자 위 인

예전 배우는 자들은 자기를 위했는데,
요즘 배우는 자들은 남을 위한다.

古	之	學	者	爲	己		
옛 **고**	어조사 **지**	배울 **학**	사람 **자**	할 **위**	자기 **기**		

今	之	學	者	爲	人		
이제 **금**	어조사 **지**	배울 **학**	사람 **자**	할 **위**	사람 **인**		

• '자기를 위한다'는 말은 자기의 인격과 도덕의 향상을 위해 공부했다는 것을 뜻해요. 그렇다면 '남을 위해 공부한다'라는 말은 어떤 뜻일까요? 공부의 목적과 관련해서 생각해 보세요.

인성
질문

君子, 恥其言而過其行.
군 자 치 기 언 이 과 기 행

군자는 말이 행동보다 앞서는 것을 부끄러워한다.

君	子	恥	其	言	而	過	其	行
어진 이 **군**	사람 **자**	부끄러울 **치**	그 **기**	말씀 **언**	말 이을 **이**	지날 **과**	그 **기**	행할 **행**

君	子	恥	其	言	而	過	其	行
어진 이 **군**	사람 **자**	부끄러울 **치**	그 **기**	말씀 **언**	말 이을 **이**	지날 **과**	그 **기**	행할 **행**

인성
질문

- 배움의 목적은 아는 것에만 그치지 않고 실천하는 거예요. 최근에 배운 것을 잘 실천했던 적이 있는지 떠올려 보세요.
- 말과 행동을 일치하게 하려면 내가 한 말을 잘 기억하고, 그에 따라 행동했는지 확인해야 해요. 어떻게 하면 그렇게 할 수 있을지 생각해 보세요.

以直報怨, 以德報德.

이 직 보 원 이 덕 보 덕

공정하고 정직한 것으로 원한을 갚고, 덕으로 덕을 갚아라.

以	直	報	怨	以	德	報	德
써 **이**	곧을 **직**	갚을 **보**	원망할 **원**	써 **이**	덕 **덕**	갚을 **보**	덕 **덕**

以	直	報	怨	以	德	報	德
써 **이**	곧을 **직**	갚을 **보**	원망할 **원**	써 **이**	덕 **덕**	갚을 **보**	덕 **덕**

인성
질문

• 속담 '눈에는 눈, 이에는 이'와 이 말을 비교해서 생각해 보세요. 어느 쪽이 더 바람직할까요?

• 남에게 받은 은혜는 잊지 말고 갚아야 합니다. 내가 받은 은혜에는 어떤 것이 있나요? 감사할 만한
   것을 떠올려 보세요.

修己以敬, 修己以安人,
수 기 이 경　수 기 이 안 인

修己以安百姓.
수 기 이 안 백 성

(군자란) 자기 몸을 수양하여 공경을 다해 맡은 일을 하고,
자기 몸을 수양하여 주변 사람들을 편안하게 하며,
자기 몸을 수양하여 천하의 백성을 편안하게 한다.

修	己	以	敬	修	己	以	安
닦을 **수**	자기 **기**	써 **이**	공경 **경**	닦을 **수**	자기 **기**	써 **이**	편안할 **안**

人	修	己	以	安	百	姓	
사람 **인**	닦을 **수**	자기 **기**	써 **이**	편안할 **안**	일백 **백**	성씨 **성**	

• 자기 몸을 갈고 닦는 것이 왜 그렇게 중요할까요? 남을 바꾸는 것과 자기를 바꾸는 것 중 무엇이 더
  쉬울까요? 그렇게 생각하는 이유는 무엇인가요?
• 능력이 뛰어난 사람과 마음이 바른 사람 중 어떤 사람이 리더로 더 좋을지 생각해 보세요.

15장

위령공편 衛靈公篇

위나라의 임금 '위령공(衛靈公)'은 공자가 찾아갔을 때 전쟁에 필요한 진법에 대해서만 이야기 나누고자 했어요. 덕(德)이나 인(仁)을 중시한 공자는 현실적인 군사 조언을 기대한 위령공과는 함께할 수 없었지요. 〈위령공편〉은 군자에 대한 공자의 생각과 정치사상, 교육기조 등에 대한 내용을 담고 있어요.

99
위령공편

君子固窮,
군 자 고 궁

小人窮斯濫矣.
소 인 궁 사 람 의

군자도 곤궁해지기 마련이지만,
소인은 곤궁해지면 별의별 짓을 다 한다.

君	子	固	窮				
어진 이 **군**	사람 **자**	진실로 **고**	궁할 **궁**				

小	人	窮	斯	濫	矣		
작을 **소**	사람 **인**	궁할 **궁**	이 **사**	넘칠 **람**	어조사 **의**		

인성
질문

• 어진 사람도 어려울 때가 있어요. 하지만 도리에 맞지 않는 행동은 하지 않아요. 조금 힘들거나 어렵다고 지나치게 티를 내는 친구가 있다면 어떻게 대하면 좋을지 생각해 보세요.
• 사람은 '그릇이 커야 한다'라는 말이 있어요. 이 말은 어떤 의미일까요?

言忠信, 行篤敬.
언 충 신 행 독 경

말은 충성스럽고 믿음직스럽게 하고, 행동은 진심으로 신중하게 하라.

言	忠	信	行	篤	敬		
말씀 **언**	충성 **충**	믿을 **신**	행할 **행**	도타울 **독**	공경 **경**		

言	忠	信	行	篤	敬		
말씀 **언**	충성 **충**	믿을 **신**	행할 **행**	도타울 **독**	공경 **경**		

**인성
질문**

- 말에는 무게가 있어요. 믿을 만한 사람이 하는 말은 무게가 있고 그렇지 않은 사람이 하는 말은 가벼워요. 내가 하는 말이 무게가 있으려면 어떻게 하면 좋을지 생각해 보세요.
- '돌다리도 두들겨 보고 건너라'라는 속담과 연결하여 생각해 보세요.

工欲善其事,
공 욕 선 기 사

必先利其器.
필 선 리 기 기

장인이 일을 잘하려면,
반드시 먼저 도구를 날카롭게 한다.

工	欲	善	其	事			
장인 **공**	바랄 **욕**	잘할 **선**	그 **기**	일 **사**			

必	先	利	其	器			
반드시 **필**	먼저 **선**	날카로울 **리**	그 **기**	도구 **기**			

인성
질문

- 장인이 작품을 만들 때 도구를 날카롭게 하듯이, 어떤 일을 하기 전에는 먼저 준비를 잘해야 해요. 이루고 싶은 목표를 정했다면 어떤 준비를 하면 좋을지 생각해 보세요.
- 속담 '거미도 줄을 쳐야 벌레를 잡는다'와 연결해서 이 말의 뜻을 생각해 보세요.

人無遠慮, 必有近憂.
인 무 원 려 필 유 근 우

사람이 멀리까지 생각하지 않으면, 반드시 가까운 근심이 있다.

人	無	遠	慮	必	有	近	憂
사람 **인**	없을 **무**	멀 **원**	생각할 **려**	반드시 **필**	있을 **유**	가까울 **근**	근심 **우**

人	無	遠	慮	必	有	近	憂
사람 **인**	없을 **무**	멀 **원**	생각할 **려**	반드시 **필**	있을 **유**	가까울 **근**	근심 **우**

**인성
질문**

- 어떤 일이 닥치고 나서야 생각하면 허둥지둥하기 쉬워요. 멀리까지 생각이 미치지 못해 당황했던 경험을 떠올려 보고, 만약 다시 그 상황이 된다면 어떻게 대비할지 생각해 보세요.
- 성어 '거안여위(居安慮危, 편안하게 지낼 때 위태로움을 생각하라)'와 연결하여 이 말의 뜻을 생각해 보세요.

103
위령공편

躬自厚而薄責於人,
궁 자 후 이 박 책 어 인

則遠怨矣.
즉 원 원 의

자기 잘못을 엄격하게 책망하고, 다른 사람의 잘못을 가볍게 책망하면,
원망이 멀어진다.

躬	自	厚	而	薄	責	於	人
자기 **궁**	스스로 **자**	두터울 **후**	말 이을 **이**	얇을 **박**	꾸짖을 **책**	어조사 **어**	사람 **인**

則	遠	怨	矣				
곧 **즉**	멀 **원**	원망할 **원**	어조사 **의**				

인성 질문

- 내가 크게 잘못했을 때 부모님께서 크게 나무라지 않으시면 오히려 미안한 마음이 더 커지고 잘못을 뉘우치기도 해요. 이럴 때 크게 혼내지 않으신 부모님께 감사의 말을 전해 보세요.
- 격언 '남의 눈에 티끌만 보았지, 제 눈의 들보는 못 본다'와 연결해서 이 말의 뜻을 생각해 보세요.

不曰, 如之何如之何者,
불 왈 여 지 하 여 지 하 자

吾末如之何也已矣.
오 말 여 지 하 야 이 의

'어찌할 것인가, 어찌할 것인가?'라고 말하지 않는 자는
나도 어찌할 방법이 없다.

不	曰	如	之	何	如	之	何	者	
아닐 **불**	가로 **왈**	같을 **여**	어조사 **지**	어찌 **하**	같을 **여**	어조사 **지**	어찌 **하**	사람 **자**	

吾	末	如	之	何	也	已	矣		
나 **오**	없을 **말**	같을 **여**	어조사 **지**	어찌 **하**	어조사 **야**	따름 **이**	어조사 **의**		

인성
질문

- 스스로 '어찌해야 할까?' 궁리해야 잘 배워갈 수 있어요. 스스로 깊이 생각해서 어려운 문제를 풀거나, 새로운 깨달음을 얻었던 경험을 떠올려 보세요.
- 성어 '줄탁동시(啐啄同時, 병아리가 알에서 깨어나기 위해서는 어미 닭이 밖에서 쪼고 병아리가 안에서 쪼며 서로 도와야 일이 순조롭게 완성됨)'와 연결해서 이 말의 뜻을 생각해 보세요.

君子病無能焉,
군 자 병 무 능 언

不病人之不己知也.
불 병 인 지 불 기 지 야

군자는 자기 능력이 부족함을 걱정하고,
다른 사람이 자기를 알아주지 않는 것을 걱정하지 않는다.

君	子	病	無	能	焉		
어진 이 **군**	사람 **자**	괴로워할 **병**	없을 **무**	능할 **능**	이에 **언**		

不	病	人	之	不	己	知	也
아닐 **불**	괴로워할 **병**	사람 **인**	어조사 **지**	아닐 **불**	자기 **기**	알 **지**	어조사 **야**

인성
질문

• 나 자신을 바꿀 수는 있지만, 다른 사람을 바꿀 수는 없어요. 다른 사람이 나를 알아주지 않는 것은 걱정해도 바꿀 수 있는 것이 아니에요. 사람들이 나를 인정해 주지 않을 때 어떻게 행동하는 것이 현명할까요?
• 남의 칭찬이나 명성은 헛된 것이에요. 그런데도 왜 사람들은 인정받고 싶은 욕구를 버리기 힘들까요?

君子求諸己,
군 자 구 저 기

小人求諸人.
소 인 구 저 인

군자는 자기를 나무라고,
소인은 다른 사람을 나무란다.

君	子	求	諸	己			
어진 이 **군**	사람 **자**	나무랄 **구**	어조사 **저**	자기 **기**			

小	人	求	諸	人			
작을 **소**	사람 **인**	나무랄 **구**	어조사 **저**	사람 **인**			

인성 질문
- 현명하지 않은 사람은 항상 남 탓, 상황 탓을 하지요. 남 탓을 하면서 책임을 지지 않았던 경험을 떠올려 보세요. 만약 다시 그런 상황이 된다면 어떻게 행동하는 것이 좋을지 생각해 보세요.
- 속담 '가랑잎이 솔잎더러 바스락거린다고 한다(자기 허물은 생각하지 않고 도리어 남의 허물만 나무라는 경우를 비유하는 말)'와 연결해서 이 말의 의미를 생각해 보세요.

君子矜而不爭,
군 자 긍 이 부 쟁

群而不黨.
군 이 부 당

군자는 몸가짐을 엄숙하게 하면서 다투지 않고,
화목하게 지내면서 파벌을 만들지 않는다.

君	子	矜	而	不	爭		
어진 이 **군**	사람 **자**	삼갈 **긍**	말 이을 **이**	아닐 **부(불)**	다툴 **쟁**		

群	而	不	黨				
무리 **군**	말 이을 **이**	아닐 **부(불)**	편들 **당**				

**인성
질문**

• 몸가짐을 엄숙하게 하고 긍지 있게 처신하려다 보면 교만해지거나 흐트러져 보이는 사람을 용납하지
  않을 수 있어요. 하지만 현명한 사람은 자기 자신은 바르게 다스리면서도 다른 사람들과도 잘 어울려
  요. 주변에 그런 사람이 있는지 떠올리고 어떤 점을 배우면 좋을지 생각해 보세요.
• 속담 '맑은 물에 고기 안 논다'와 연결해서 이 말의 의미를 생각해 보세요.

巧言亂德,
교 언 란 덕

小不忍則亂大謀.
소 불 인 즉 란 대 모

간교한 말은 덕을 어지럽히고,
작은 것을 참지 못하면 큰일을 망치게 된다.

巧	言	亂	德				
교묘할 **교**	말씀 **언**	어지럽힐 **란**	덕 **덕**				

小	不	忍	則	亂	大	謀	
작을 **소**	아닐 **불**	참을 **인**	곧 **즉**	어지럽힐 **란**	큰 **대**	꾀할 **모**	

인성 질문
- 바르지 못한 말을 들으면 무엇이 옳은지, 무엇이 그른지 알기 힘들고 혼란스러워요. 만약 올바른 가치를 혼란스럽게 하는 말을 하는 사람을 만난다면 어떻게 대해야 할지 생각해 보세요.
- 작은 일을 참지 못하고 감정을 분출하면 후회하는 경우가 많아요. 분노를 참는 나만의 방법을 이야기해 보세요.

衆惡之, 必察焉.
중 오 지 필 찰 언

衆好之, 必察焉.
중 호 지 필 찰 언

여러 사람이 미워하더라도 반드시 살펴보아라.
여러 사람이 좋아하더라도 반드시 살펴보아라.

衆	惡	之	必	察	焉		
무리 **중**	미워할 **오**	어조사 **지**	반드시 **필**	살필 **찰**	이에 **언**		

衆	好	之	必	察	焉		
무리 **중**	좋아할 **호**	어조사 **지**	반드시 **필**	살필 **찰**	이에 **언**		

인성
질문

• 많은 사람이 말하는 것이라고 모두 옳은 것은 아니에요. 다수가 믿는 것이 잘못된 사실인 경우도 많아요. 반드시 내가 살펴보고 스스로 판단해야 해요. 실제로 그랬던 경험이 있는지 떠올려 보세요. 역사적인 사례로는 어떤 것이 있을까요?
• 소크라테스의 명언 "검증되지 않은 삶은 살 가치가 없는 것이다."라는 말과 연결하여 생각해 보세요.

過而不改, 是謂過矣.
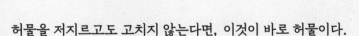
과 이 불 개 시 위 과 의

허물을 저지르고도 고치지 않는다면, 이것이 바로 허물이다.

過	而	不	改	是	謂	過	矣
허물 **과**	말 이을 **이**	아닐 **불**	고칠 **개**	이 **시**	이를 **위**	허물 **과**	어조사 **의**

過	而	不	改	是	謂	過	矣
허물 **과**	말 이을 **이**	아닐 **불**	고칠 **개**	이 **시**	이를 **위**	허물 **과**	어조사 **의**

인성 질문

- 허물이 없는 사람은 없어요. 누구나 크고 작은 허물이 있어요. 하지만 모두가 자기 허물을 깨닫고 고치지는 않아요. 허물을 고치기 힘든 이유가 무엇인지 생각해 보세요.
- 부모님이나 주변 사람들이 자주 알려 주는 나의 허물은 무엇인가요? 허물을 고치려면 어떻게 하면 좋을지 생각해 보세요.

16장

계씨편 季氏篇

'계씨(季氏)'는 공자의 제자인 염유와 자로가 섬기던 인물이에요. 그런데 계씨가 작은 나라를 공격하려고 하자, 공자가 두 제자를 꾸짖지요. 〈계씨편〉은 정치할 때의 처신이나 다른 사람과의 교류, 군자가 경계할 점 등에 관한 내용을 담고 있어요.

友直, 友諒, 友多聞, 益矣.
우 직 우 량 우 다 문 익 의

友便辟, 友善柔, 友便佞, 損矣.
우 편 벽 우 선 유 우 편 녕 손 의

정직한 사람, 어진 사람, 박학다식한 사람을 친구 삼으면 유익하다.
겉모습만 꾸미고 곧지 않은 사람, 아첨과 아양 잘 떠는 사람,
말만 잘하고 내실이 없는 사람을 친구 삼으면 해가 된다.

友	直	友	諒	友	多	聞	益	矣			
벗 우	곧을 직	벗 우	어질 량	벗 우	많을 다	들을 문	유익할 익	어조사 의			

友	便	辟	友	善	柔	友	便	佞	損	矣	
벗 우	아첨할 편	편벽될 벽	벗 우	잘할 선	연약할 유	벗 우	아첨할 편	아첨할 녕	손해볼 손	어조사 의	

인성 질문

- 유익한지, 해가 되는지 따지지 않고 두루두루 친구를 사귀는 것과 손익을 가려 사귀는 것 중 어느 쪽이 좋다고 생각하나요? 그 이유는 무엇인가요?
- 아리스토텔레스의 명언 "친구란 무엇인가? 두 신체에 깃들어 있는 단 하나의 영혼이다."라는 말과 연결하여 생각해 보세요.

112
계씨편

見善如不及,
견 선 여 불 급

見不善如探湯.
견 불 선 여 탐 탕

선을 행할 기회를 만나면 미치지 못할 듯하고,
선하지 못한 상황에 빠지면 끓는 물에 닿은 듯 하라.

見	善	如	不	及		
볼 **견**	착할 **선**	같을 **여**	아닐 **불**	미칠 **급**		

見	不	善	如	探	湯	
볼 **견**	아닐 **불**	착할 **선**	같을 **여**	잡을 **탐**	끓일 **탕**	

인성
질문

- 만약 친구가 물건을 훔치는 것처럼 옳지 않은 일을 함께하자고 하면 어떻게 하면 좋을까요?
- 사람들에게 도움이 되는 좋은 일을 하고 싶은 것이 있나요?

양화편 陽貨篇

'양화(陽貨)'는 의롭지 못한 인물로, 공자는 그와 거리를 두었어요. 〈양화편〉은 말재주만 뛰어난 사람을 경계하라는 등 사람 보는 기준을 제시하고, 교육과 인(仁)에 대한 공자의 생각을 담고 있어요.

性相近也, 習相遠也.
성 상 근 야 습 상 원 야

사람이 타고난 본성은 서로 가까우나, 습성이 달라 서로 멀어진다.

性	相	近	也	習	相	遠	也
성품 **성**	서로 **상**	가까울 **근**	어조사 **야**	익힐 **습**	서로 **상**	멀 **원**	어조사 **야**

性	相	近	也	習	相	遠	也
성품 **성**	서로 **상**	가까울 **근**	어조사 **야**	익힐 **습**	서로 **상**	멀 **원**	어조사 **야**

인성
질문

• 사람들이 타고난 본성 중 어떤 것이 서로 비슷할지 생각해 보세요.
• 자라 온 환경이나 경험에 따라 생각하는 습성이 달라질 수 있어요. 어떻게 하면 선을 익히고 악을 멀리할 수 있을지 생각해 보세요.

色厲而内荏, 譬諸小人,
색 려 이 내 임 　 비 저 소 인

其猶穿窬之盜也與.
기 유 천 유 지 도 야 여

겉으로 위엄있는 척하고 속이 유약한 사람은 소인에게 비유한다면,
작은 문을 뚫고 담을 넘는 좀도둑과 같다.

色	厲	而	内	荏	譬	諸	小	人	
낮 **색**	높을 **려**	말 이을 **이**	안 **내**	부드러울 **임**	비유할 **비**	어조사 **저**	작을 **소**	사람 **인**	

其	猶	穿	窬	之	盜	也	與		
그 **기**	가히 **유**	뚫을 **천**	작은 문 **유**	어조사 **지**	도둑 **도**	어조사 **야**	더불 **여**		

인성
질문

- 겉과 속이 다른 사람은 어떻게 대하면 좋을지 생각해 보세요.
- 현명한 사람은 겉으로는 부드럽고 온순해 보여도 내면이 단단해요. 주변에서 내면이 단단한 사람을
  떠올리고 어떤 점을 배우면 좋을지 생각해 보세요.

道聽而塗説,
도 청 이 도 설

德之棄也.
덕 지 기 야

길에서 들은 말을 길에서 전하는 것은
덕을 버리는 것이다.

道	聽	而	塗	説			
길 **도**	들을 **청**	말 이을 **이**	길 **도**	말씀 **설**			

德	之	棄	也				
덕 **덕**	어조사 **지**	버릴 **기**	어조사 **야**				

인성
질문

- 길에서 들은 말은 내용이 확실한지 알 수 없어요. 들은 말을 바로 전해서 곤란하게 되었던 경험이 있
  는지 떠올려 보세요. 시간을 되돌려 그때로 돌아간다면 어떻게 행동하면 좋을까요?
- 자기가 직접 경험해 보지 않고, 완벽하게 이해하지 않고 남에게서 들은 것을 또 다른 사람에게 추천
  했던 적이 있나요?

飽食終日, 無所用心,
포 식 종 일 　 무 소 용 심

難矣哉.
난 의 재

종일토록 배불리 먹기만 하고, 어떤 일에도 마음 쓰지 않으면,
큰일을 하기 어렵다.

飽	食	終	日	無	所	用	心
배부를 **포**	먹을 **식**	마칠 **종**	날 **일**	없을 **무**	바 **소**	쓸 **용**	마음 **심**

難	矣	哉					
어려울 **난**	어조사 **의**	어조사 **재**					

인성
질문

· 어떤 노력도 하지 않으면서 원하는 일을 할 수 없어요. 하지만 휴식도 필요해요. 1주일 동안 어떤 일을 하고 어떻게 휴식할지 계획해 보세요.

18장

미자편 微子篇

'미자(微子)'는 중국 상 나라 마지막 왕인 주왕의 형이에요. 포악한 주왕이 나라를 다스리자 그는 나라를 떠났지요. 〈미자편〉은 공자의 정치사상에 대한 내용을 담고 있어요.

君子, 無求備於一人.
군 자 무 구 비 어 일 인

117
미자편

군자는 한 사람에게 모든 것이 갖추어져 있기를 바라지 않는다.

君	子	無	求	備	於	一	人
어진 이 **군**	사람 **자**	없을 **무**	구할 **구**	갖출 **비**	어조사 **어**	한 **일**	사람 **인**

君	子	無	求	備	於	一	人
어진 이 **군**	사람 **자**	없을 **무**	구할 **구**	갖출 **비**	어조사 **어**	한 **일**	사람 **인**

 인성 질문

- 친구나 주변 사람들이 내가 기대한 것을 해 주지 않아 속상했던 적이 있나요? 만약 기대하지 않았다면 어땠을지 생각해 보세요.
- 모든 사람에게는 각자 잘하는 일이 있어요. 모둠을 만들어 활동할 때 각자의 장점을 살려서 좋은 결과를 얻었던 경험을 떠올려 보세요.

19장

자장편 子張篇

'자장(子張)'은 공자의 제자로, 〈자장편〉은 공자를 따르던 제자들의 말을 담고 있어요. 특히 제자 중에서도 덕이 뛰어났던 것으로 알려진 자장과 자하의 이야기가 많아요. 공자의 제자들이 어떤 마음가짐으로 배우고자 했는지 생각하며 읽어 보세요.

博學而篤志,
박 학 이 독 지

切問而近思.
절 문 이 근 사

널리 배우고 뜻을 독실히 하며,
절실하게 묻고 가까운 것부터 생각하라.

博	學	而	篤	志			
넓을 **박**	배울 **학**	말 이을 **이**	도타울 **독**	뜻 **지**			

切	問	而	近	思			
절박할 **절**	물을 **문**	말 이을 **이**	가까울 **근**	생각 **사**			

**인성
질문**

• 학교에서 수업 받으면서 궁금한 것이 떠올라서 질문했던 경험이 있나요? 그렇게 물어서 배운 것과
  질문 없이 듣고 알았던 것 중에 어느 쪽이 더 오랫동안 머릿속에 남았나요?
• 학교에서는 많은 과목을 공부해요. 모든 과목이 내가 살아가는 데 직접 도움이 되지는 않을 수 있어
  요. 하지만 이렇게 널리 배우면 어떤 점이 좋을지 생각해 보세요.

小人之過也必文.
소 인 지 과 야 필 문

소인은 잘못이 있으면 반드시 꾸며 댄다.

小	人	之	過	也	必	文	
작을 **소**	사람 **인**	어조사 **지**	허물 **과**	어조사 **야**	반드시 **필**	꾸밀 **문**	

小	人	之	過	也	必	文	
작을 **소**	사람 **인**	어조사 **지**	허물 **과**	어조사 **야**	반드시 **필**	꾸밀 **문**	

**인성
질문**

- 잘못했을 때 바로 인정하지 않고 거짓말을 하면 어떻게 될까요? 그런 경험이 있다면 떠올려 보세요.
- 현명한 사람은 남에게 잘못을 들키는 것을 두려워하지 않고 자신을 속이는 것을 두려워해요. 변명하지 않고 즉시 인정하려면 어떤 마음가짐이 필요할지 생각해 보세요.

20장

요왈편 堯曰篇

'요왈堯曰'은 '요 임금이 말하길'이란 뜻으로, 요 임금은 전설 속의 성군이에요. 요 임금은 권력에 취하지 않고, 순 임금에게 자리를 물려주었어요. 지혜로운 순 임금 역시 우 임금에게 자리를 물려주었지요. 〈요왈편〉은 요·순·우 임금의 이야기와 나라를 다스리는 근본적인 마음가짐을 전하고 있어요.

允執其中.
윤 집 기 중

진실로 중용의 도리를 따르라.

允	執	其	中				
진실로 **윤**	잡을 **집**	그 **기**	가운데 **중**				

允	執	其	中				
진실로 **윤**	잡을 **집**	그 **기**	가운데 **중**				

인성
질문

• '중(中), 중용(中庸)'은 어느 한쪽으로 치우치지 않는 것이에요. 예를 들어 교만함과 좌절감의 중용은 자신감, 만용과 비겁함의 중용은 용기라고 할 수 있어요. 중용의 다른 예에는 어떤 것이 있을까요?

• 지나치게 한쪽으로 치우쳐서 곤란했던 경험을 떠올려 보세요. 다시 그때로 돌아간다면 어떻게 행동하면 좋을까요?

논어 따라쓰기

초 판 발 행	2023년 07월 20일 (인쇄 2023년 06월 22일)
초 판 2 쇄	2024년 04월 19일 (인쇄 2024년 03월 29일)
발 행 인	박영일
책 임 편 집	이해욱
저 자	임성훈
편 집 진 행	박유진
표지디자인	김지수
편집디자인	안시영, 채현주
발 행 처	시대인
공 급 처	(주)시대고시기획
출 판 등 록	제 10-1521호
주 소	서울시 마포구 큰우물로 75 [도화동 538 성지 B/D] 9F
전 화	1600-3600
팩 스	02-701-8823
홈 페 이 지	www.sdedu.co.kr

I S B N	979-11-383-5472-1 (43190)
정 가	10,000원

시대인은 종합교육그룹 (주)시대고시기획ㆍ시대교육의 단행본 브랜드입니다.